clave

Blanca García-Orea Haro es nutricionista clínica, especializada en nutrición digestiva y hormonal y con un máster en Microbiota Humana. Codirige el centro médico Clínicas Segura e imparte cursos sobre la estrecha relación del intestino con la calidad de nuestras emociones, el estado de nuestro sistema inmunológico y, por tanto, la enfermedad. Es una de las nutricionistas más seguidas en redes sociales, con más de 660.000 seguidores en Instagram. En 2020 fue considerada como una de las 100 mejores influencers según la revista Forbes. Su primer libro *Dime qué comes y te diré qué bacterias tienes* vendió más de 100.000 ejemplares durante los primeros seis meses desde su publicación. En octubre de 2021 publicó *Las recetas de Blanca*, un libro con 80 recetas fáciles, saludables y para toda la familia, y en 2022, *Dime qué como ahora*, un libro para mejorar tu microbiota, tus digestiones y tu energía.

También puedes seguir a Blanca García-Orea Haro en Instagram:
[◉] @blancanutri

BLANCA GARCÍA-OREA HARO

Dime qué comes y te diré qué bacterias tienes

DEBOLS!LLO

Papel certificado por el Forest Stewardship Council®

Primera edición en Debolsillo: enero de 2025

© 2020, Blanca García-Orea Haro
© 2020, 2025, Penguin Random House Grupo Editorial, S. A. U.
Travessera de Gràcia, 47-49. 08021 Barcelona
Diseño de la cubierta: Penguin Random House Grupo Editorial / David Ayuso
Ilustraciones de interior y cubierta: Ramón Lanza
Diseño y maquetación: Eva Arias

Printed in Spain – Impreso en España

ISBN: 978-84-663-8043-0
Depósito legal: B-19.151-2024

Impreso en Gómez Aparicio, S. L.
Casarrubuelos (Madrid)

P 3 8 0 4 3 0

Índice

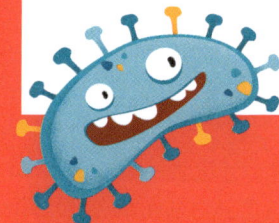

Prólogo

Ya estás aquí. En el principio de esta aventura. Gracias por unirte y por la elección del viaje. Pero sobre todo felicidades por quererte, porque aprender a cuidarte es la mejor forma de hacerlo.

Tienes en las manos un regalo, que ha sido mimado desde su concepción hasta este preciso momento en el que te has lanzado a abrirlo y empezar a sumergirte en él.

Todos los días oímos hablar de Salud desde cualquier ámbito, las más de las veces con poco rigor. Si se trata de Ciencia pasamos al extremo opuesto, donde los tecnicismos y la incomprensión son la norma.

Uno de los fines principales de la Ciencia es la divulgación y la transmisión veraz, accesible y actualizada de la información, tanto a los profesionales como a la población general, ambos cada día más ávidos de ella por el vertiginoso avance de estos tiempos tecnológicos. Para ello, se hace indispensable el uso de un lenguaje sencillo, actual y directo, clave para que llegue fácilmente y con claridad, razón de más al tratarse de información científica. Dicho de otra forma, que el mensaje cale en el lector sin que se pierda y a la vez asimile la información

sin darse cuenta de que está ante un texto científico. Esto, querido lector, lo vas a ver y comprobar en estas páginas, gracias a que Blanca lo ha hecho para ti, al lograr combinar a la perfección ambas: Salud y Ciencia.

Puedes creerme cuando digo que este libro es un regalo, pues queda patente su generosidad al compartir sus conocimientos con todos nosotros en un tema tan vigente. Ella ha cribado la información, seleccionando la más rigurosa y actualizada, y nos la entrega «mascadita», lista para saborearla..., nunca mejor dicho, dado el tema que nos ocupa.

A diario nos llega información de todos los medios sobre este extenso y complejo campo. De la mano de Blanca viajarás por la microbiota y los entresijos del intestino, buceando a través de sus líneas de una forma apasionadamente amena. Estás a punto de ser conducido a través de pasajes a cada cual más interesante, y poder descubrir por ti mismo este apasionante mundo, de tal modo que términos como butirato, *Bacteroidetes*, probióticos o SIBO y conceptos como ayuno intermitente y eje intestino-cerebro ya no tendrán secretos para ti.

Quiero transmitiros una reflexión: no puedo sentir más que admiración por el trabajo que aquí se presenta y, sobre todo, un profundo respeto por la autora, pues el camino recorrido para llegar hasta aquí conlleva mucha dedicación: emplearse a fondo para obtener la información y elaborar este texto científico requiere de mucho tesón y una gran capacidad de trabajo. Pero por encima de todo, debo decirte que estás ante una gran muestra de generosidad, pues Blanca nos ofrece y nos comparte sus conocimientos adquiridos a lo largo de su trayectoria profesional de la mano de su buen hacer como nutricionista reconocida.

Hay un proverbio que dice: "Libros, caminos y días dan al hombre sabiduría."

Así que... ¿empezamos?

J. ABEL SALDARREAGA MARÍN

*Médico especialista en Microbiología
y Medicina de Familia
Compañero y amigo de la autora*

Introducción

Todos sabemos que tenemos que comer bien, el problema es que pocas veces se entiende para qué sirve comer bien y cómo nos beneficia.

El propósito de este libro es explicar por qué debemos cuidar nuestra alimentación y así, desde la comprensión, nos será más fácil encontrar una motivación para llevarlo a la práctica.

Nos adentraremos en el mundo de nuestras bacterias y microorganismos, que llevan viviendo y evolucionando en nuestro interior desde que nacimos aunque hayan ido evolucionando durante los últimos milenios. Intentaremos explicar de una forma sencilla aquellos que tenemos específicamente dentro del tubo digestivo, en concreto las bacterias del intestino, que por otra parte son las mayoritarias, aunque también las tenemos en la piel, la nariz, la boca, el oído, los pulmones, la vagina, incluso en el ombligo.

Es importante saber que nuestro intestino es más que «un almacén de mierda» como todo el mundo piensa. De hecho, los microorganismos intestinales regulan el sistema inmunitario sin que nos demos cuenta. Es decir, cuando el intestino funciona bien, somos capaces de combatir las infecciones y enfermedades de forma exitosa, mientras que si no funciona de forma óptima se incrementará el riesgo de padecer enfermedades.

También se sabe que la microbiota (el conjunto de microorganismos que habitan en nuestro cuerpo) regula el desarrollo y la función del cerebro, por lo que queda evidente el papel tan destacado que desempeña la microbiota en los cuadros de ansiedad, estrés e incluso en el caso de enfermedades neurodegenerativas. Así, más allá de avisarnos cuando nos toca comer, el eje cerebro-intestino influye en el estado de ánimo, en el comportamiento y, por tanto, en nuestro bienestar y en la evolución de determinadas patologías neurológicas.

El intestino alberga más de 100 billones de bacterias; ¡si pusiéramos todas nuestras bacterias en fila, darían entre 2 y 5 vueltas al mundo! Por ello es importante conocer la microbiota, saber cómo influye y funciona en el organismo, y cómo debemos nutrirla y cuidarla.

Aunque se trate de un campo de investigación muy extenso y bastante reciente, considero interesante y motivador conocer el impacto que tiene cada bocado de alimento que nos metemos en la boca, y no solo con respecto a la salud gástrica sino también a la mental, hormonal e inmunológica.

Cada bocado cuenta, y más en estos tiempos en los que somos cada vez más adictos a la comida basura y rápida, hábito que predispone a la población a una mayor exposición a enfermedades inmunes, depresión, ansiedad, etcétera. Esto ocurre porque nuestros comensales del intestino —las bacterias— esperan recibir un tipo de alimento tradicional que no llega, por lo que acaban extinguiéndose o alimentándose de algo que no toca. Por consecuencia no son capaces de desarrollar sus funciones habituales de digestión de nutrientes y entonces no pueden defendernos frente a patógenos ni generar compuestos beneficiosos para nuestra salud que nos aporten la energía que necesitamos.

Al final, nutrir a nuestras bacterias intestinales para que generen sustancias beneficiosas es una de las mejores decisiones que podemos tomar para cuidar nuestra salud. Sé que esta información difiere de lo que estamos habituados a escuchar, pero quiero que entiendas la repercusión que pueden tener tus hábitos de vida y tu alimentación sobre la salud. Te pongo un ejemplo: imagínate que tienes una enfermedad y te encuentras débil y no absorbes bien la medicación; en ese caso una buena alimentación te ayu-

dará a sobrellevar mejor la enfermedad porque te sentirás con más energía y, por lo tanto, con mejor calidad de vida.

¿Quién no querría llevar su enfermedad lo mejor posible? ¿O quién no querría directamente no llegar a desarrollarla? La genética no lo es todo, es cierto, pero ahora sabemos que podemos llegar a no desarrollar ciertas enfermedades, aun teniendo predisposición genética a ellas. Podemos influir a través de nuestra epigenética, es decir, todo lo que rodea a la genética: nuestro estilo de vida, incluida la alimentación, el ejercicio, la salud mental, la exposición a tóxicos como el tabaco o el alcohol, y muchos otros factores. Y lo mejor es que el cambio en tu estilo de vida es una técnica no invasiva, así que ¡no pierdes nada por intentarlo!

CAPÍTULO 1

El tubo digestivo: de la boca al ano

El cuerpo humano es como un tubo lleno de bacterias que comienza en la boca y termina en el ano, y el tracto digestivo representa el interior de esa compleja cañería.

La comida entra por el principio del tubo, la boca, y se va transformando a medida que pasa por el tracto digestivo hasta que se excreta en forma de heces por el final de esa misma cañería.

¡Todo comienza aquí!

¡Y no olvidemos masticar bien en todo este proceso! Es importante masticar lentamente, unas 30 veces por bocado, hasta que el alimento se deshaga en la boca. Durante la propia acción de masticar se va segregando saliva y esta hará que la digestión sea más ligera, pues ayuda a descomponer los alimentos en nutrientes.

La digestión comienza, por lo tanto, con la masticación, que contribuye a disgregar los alimentos en pequeñas partículas mezclándolas con la saliva. Las enzimas de esta inician ahora la degradación del almidón y las grasas, y envían un mensaje al organismo para que se prepare y empiece todo el proceso digestivo. El mero sabor de un alimento puede desencadenar una serie de reacciones que hacen que el estómago produzca ácido.

La comida ingerida desciende a continuación por el esófago y llega al estómago, que actúa como una caldera ácida (con un pH entre 1 y 2, prácticamente sin microbios), y donde un conjunto de enzimas tiene la misión de comenzar la digestión y la extracción de los nutrientes. Gracias a este ambiente ácido, las bacterias procedentes del exterior mueren antes de pasar al intestino. Comienza también la degradación de las proteínas.

Los alimentos parcialmente digeridos, denominados «quimo», pasan ahora al intestino delgado, cuyo interior está recubierto de unos dedos diminutos llamados «vellosidades», responsables de absorber los nutrientes y trasladarlos a la sangre. En este punto, los alimentos viajan junto a enzimas segregadas por el páncreas y el hígado, las mismas que nos ayudarán a digerir las proteínas, los hidratos de carbono y las grasas. En el yeyuno (segunda porción del intestino delgado) se absorben los aminoácidos procedentes de las proteínas y la mayoría de las vitaminas y los minerales.

En el íleon (tercera porción del intestino delgado) tiene lugar la absorción de grasas y colesterol, de vitaminas liposolubles (vitaminas A, D, E y K), de sales biliares y específicamente de vitamina B12, por lo que la digestión y absorción más importante de los alimentos tendrá lugar en el intestino delgado.

El último tramo corresponde al intestino grueso o colon, donde lo que llega principalmente es la fibra. El tiempo promedio que un alimento permanece en el intestino grueso es de 6 a 72 horas, antes de la eliminación de los residuos mediante las heces. La razón por la cual el alimento permanece tanto tiempo en esta

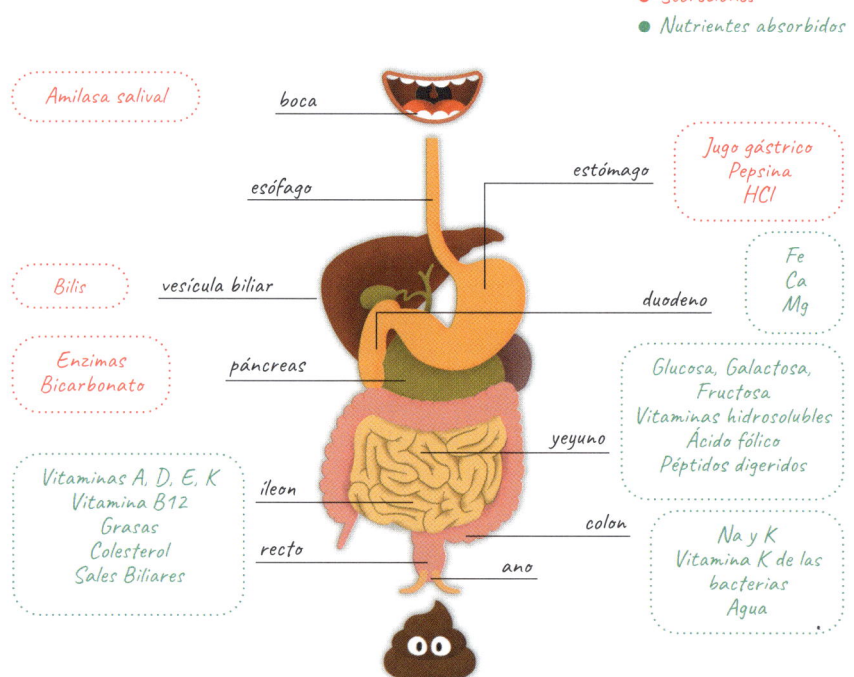

● Secreciones
● Nutrientes absorbidos

Amilasa salival

boca

esófago

estómago

Jugo gástrico
Pepsina
HCl

Bilis

vesícula biliar

duodeno

Fe
Ca
Mg

Enzimas
Bicarbonato

páncreas

Vitaminas A, D, E, K
Vitamina B12
Grasas
Colesterol
Sales Biliares

íleon

yeyuno

Glucosa, Galactosa,
Fructosa
Vitaminas hidrosolubles
Ácido fólico
Péptidos digeridos

recto

colon

Na y K
Vitamina K de las
bacterias
Agua

ano

parte del intestino es que los restos de la comida ingerida, fibra en su mayor parte, se encuentran con una voraz comunidad de microorganismos, la microbiota intestinal —tenemos muchas más bacterias en el intestino grueso que en el intestino delgado—, que van a fermentar esta fibra que el sistema digestivo no puede digerir. Esta fibra fermentada llegará al colon para alimentar a las bacterias y producir los nutrientes necesarios para las células del intestino.

Esta fermentación de la fibra o almidón resistente genera una serie de ácidos grasos de cadena corta, como son el propionato, el acetato y el butirato, todos ellos fundamentales para el crecimiento de las células del colon, para estimular el incremento de las bacterias buenas del intestino y la fabricación de neurotransmisores como la serotonina. También ayudan a aumentar la energía de todo el cuerpo, regular el colesterol y estimular la combustión de las grasas.

El proceso completo de la digestión en personas sanas dura entre 24 y 72 horas.

Ayudar a que se fabriquen más ácidos grasos de cadena corta en el colon, a través del consumo de fibra, aumentará la concentración en sangre y, por tanto, supone una mayor protección contra las inflamaciones y el sobrepeso. Asimismo contribuye a una mejoría de la motilidad intestinal, es decir, a regular las diarreas o el estreñimiento.

Los ácidos grasos de cadena corta son importantes para la salud digestiva, pues suministran energía a las células del colon

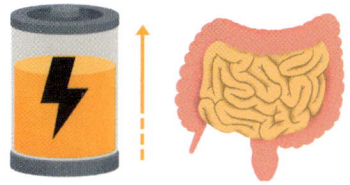

Primera barrera, el estómago

Los centenares de bacterias que tenemos en la boca y el esófago pasan a ser miles en el estómago, millones y miles de millones en el intestino delgado, para convertirse finalmente en billones de bacterias en el colon.

Seguramente alguna vez hemos pensado: ¿cómo ha podido llegar hasta nuestro organismo toda esa cantidad de bacterias? Lo cierto es que estamos continuamente expuestos al ambiente externo, mediante la ingesta de alimentos, los microbios que tocamos con las manos, con todo el recubrimiento de la piel, los que vienen a través de la respiración, los que provienen de nuestras mascotas..., muchos entran y salen, mientras que otros se quedan a vivir con nosotros.

Para que estas bacterias se queden con nosotros, primero tienen que sobrevivir al ambiente ácido del estómago; esta es la primera barrera del aparato digestivo para que no lleguen demasiadas bacterias al intestino delgado. Por eso es tan importante mantener el estómago ácido, como si fuese una caldera, así mueren los microorganismos antes de que lleguen al intestino y se queden con nosotros.

Una de las causas de la acidez o reflujo es la relajación del cardias (esfínter que conecta el esófago con el estómago), que requiere un pH estomacal entre 1 y 2 para poder cerrarse correctamente. Si el pH estomacal aumenta (menos áci-

do), el esfínter se relaja, la válvula queda entreabierta y se produce el reflujo. Cuando el ácido estomacal es insuficiente, se dan una serie de condiciones que fomentan el aumento de la presión intraabdominal que empuja el cardias y tiende a abrirse; si, además, una pequeñísima cantidad de ácido estomacal llega a tocar el esófago, se produce dolor y ardor, porque no tiene protección contra el ácido clorhídrico. Por lo que, en este caso, tomar un antiácido sí aliviaría el síntoma en el momento, pero no soluciona el problema, es más, la toma por largas temporadas podría llegar a empeorarlo.

Normalmente se considera que la causa del reflujo ácido es un exceso de ácido estomacal, por eso unos de los medicamentos más vendidos y consumidos sin control son los inhibidores de la bomba de protones (omeprazol), que bloquean la producción de ácido en el estómago. El síntoma se soluciona momentáneamente, pero no se trata la causa del problema, ya que estos medicamentos están indicados para la hiperacidez estomacal, así que no serviría para todos los casos en los que se sienta acidez (como he explicado antes, se puede sentir acidez y no tener hiperacidez estomacal, sino todo lo contrario). Sin embargo, lo suelen tomar pacientes con hipoclorhidria (estómago poco ácido) durante largas temporadas, lo cual puede traer consecuencias.

Si bien es cierto que los inhibidores de la bomba de protones son necesarios en algunos casos para desinflamar la mucosa del estómago, la toma de manera crónica debe hacerse siempre bajo control médico y revisarse de vez en cuando, porque en algunos casos es evitable. Además, personas con déficit de vitamina B_{12} u otras vitaminas o minerales deben tener especial cuidado con la toma de antiácidos durante largas temporadas porque puede generar un déficit de vitaminas.

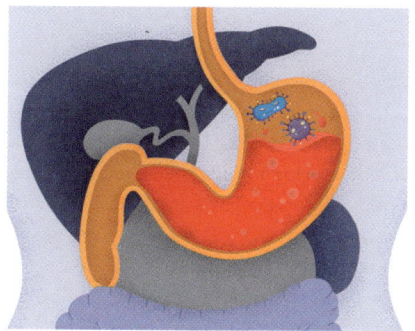

La primera barrera defensiva la tenemos en el estómago, el ácido gástrico elimina y suprime la mayoría de los microorganismos que ingresan en nuestro cuerpo, es decir, casi la totalidad de las bacterias que llegan a nuestro estómago muere en cuestión de 5 minutos por su exposición ácida.

Los efectos de no tener un pH suficientemente ácido son, entre otros:

- reflujo gastroesofágico
- sobrecrecimiento de bacterias en el intestino delgado, hongos o parásitos
- permeabilidad intestinal
- proliferación del *Helicobacter pylori*, que crece en ambientes menos ácidos
- disminución de la producción de una sustancia llamada «factor intrínseco», que facilita la absorción de la vitamin a B_{12}, por tanto, déficit de vitamina B_{12}
- mala absorción de fármacos cuya solubilidad depende de un pH ácido del estómago
- mala absorción de minerales como zinc, calcio, selenio, magnesio y cobre, entre otros
- fatiga crónica
- dolores de cabeza
- intestino irritable
- problemas en la piel
- trastornos de la inmunidad
- disminución de la síntesis de neurotransmisores
- caída del cabello
- inflamación de las articulaciones

Síntomas de disminución del ácido en el estómago:

- estreñimiento o diarrea
- eructos después de la comida
- digestiones lentas
- sensación de estar muy lleno tras las comidas
- náuseas
- gases, hinchazón y ardor de estómago que aumentan a lo largo del día
- sensación de encontrarse mejor entre horas, cuando no se come

La falta de ácido clorhídrico también puede ser causada por:

- abuso de azúcares y grasas malas en la dieta
- alcohol
- tabaco
- estrés
- abuso de antiácidos

·☼· SOLUCIONES

Cómo mejorar y aumentar la acidez de estómago:

- Infusión de jengibre: Pon unas rodajitas de jengibre y déjalas en infusión en agua unos minutos con un chorrito de limón. Tómala antes de las comidas.
- La papaya y la piña tienen enzimas digestivas que pueden ayudarte a mejorar la digestión (papaína y bromelaína).
- Tomar 1 cucharadita de vinagre de manzana sin filtrar en ayunas.
- No tomar comidas abundantes.
- No abusar de los líquidos durante las comidas (agua, infusiones...), mejor entre horas.
- Tomar alimentos con probióticos naturales como yogur, kéfir, etc. (véase apartado «Los probióticos»). En estos casos, hay que valorar la tolerancia de los fermentados.
- No tomar azúcares, edulcorantes o grasas malas.
- No tomar bebidas gaseosas.
- No comer entre horas, dejar descansar al sistema digestivo (véase capítulo 6).

Siguiente barrera, el intestino

Cuando entra un patógeno en el cuerpo, una vez que ha sobrevivido a la acidez del estómago, tendrá que enfrentarse a las bacterias intestinales residentes, pues actúan como primera línea de defensa y, a cambio, el sistema inmunitario las alimenta a través de la mucosa.

La siguiente barrera, no menos importante y de hecho fundamental, es la barrera intestinal, que consume aproximadamente el 40 % de la energía de todo el organismo. Estas son las funciones más importantes que desempeña:
- Permanecer abierta para poder absorber los fluidos y nutrientes esenciales para la sangre.
- Actuar como barrera para proteger al cuerpo de las infecciones y toxinas.

La parte del intestino que se vuelve permeable es la barrera mucosa, la capa más interna de la pared intestinal, es una coraza mucosa pegajosa o una barrera física que impide que los microbios intestinales se acerquen al tejido humano. Aquí es donde, por fin, el alimento comienza a formar parte de nosotros, porque entra en los tejidos y en el torrente sanguíneo.

La barrera mucosa es la que controla qué nutrientes se absorben, impide que los alérgenos, los microbios y otras toxi-nas entren en el torrente sanguíneo y determina el tipo de respuesta inmunitaria necesaria para combatir los gérmenes que puedan aparecer. También es una fuente nutritiva de hidratos de carbono de la que pueden alimentarse algunas bacterias que componen la microbiota, o sea que esta capa mucosa también sirve de alimento para algunos de sus huéspedes y ellos, a su vez, ayudan a defender al intestino de la invasión de bacterias patógenas y así son capaces de equilibrar el sistema inmunitario.

LA MUCOSA INTESTINAL

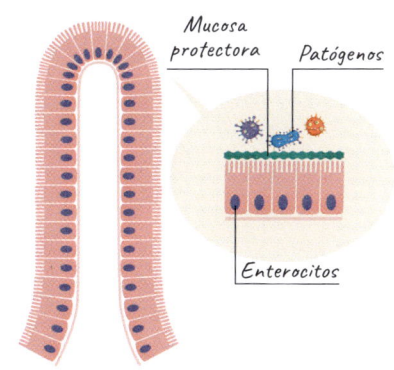

Imagen de la barrera intestinal con la mucosa protectora en verde.

Las bacterias se encuentran en la capa mucosa, constituida por unas proteínas llamadas «mucinas», que sirven de alimento a algunas bacterias. Si demasiados microorganismos se alimentasen de este moco, esta capa quedaría debilitada.

La desintoxicación es un papel fundamental del intestino, de ella se encargan las células del sistema inmunitario. Si las toxinas consiguen pasar a través de la barrera mucosa, el tejido linfoide intestinal evitará que estas migren al torrente sanguíneo. El intestino contiene el mayor número de linfocitos y estos generan aproximadamente un 70 % de los anti-cuerpos del organismo. Las inmunoglobulinas se adhieren a los parásitos, virus, bacterias o partículas extrañas para evitar que pasen a la sangre. Por tanto, el intestino desempeña una función fundamental de defensa.

A lo largo de todo el tracto digestivo, concretamente en los espacios que se hallan en la pared intestinal, se concentra alrededor de un 85 % de las bacterias neutras o beneficiosas que impedirán que lo ocupen microbios perjudiciales.

Cuando un intestino funciona correctamente, las uniones estrechas (que unen las células del intestino, con función de cremallera) se abrirán si hay nutrientes o sustancias beneficiosas y se cerrarán si hay un patógeno o una bacteria no amiga. Sin embargo, cuando un agente patógeno o un virus consigue pasar, el sistema inmunitario neutralizará rápidamente la amenaza.

Una vez que los microbios han logrado sobrevivir a los ácidos del estómago, han pasado la barrera intestinal y consiguen llegar al colon, la competencia por los recursos es atroz y la supervivencia depende de que cada uno arramble con lo que pueda. Reciben constante provisión de los alimentos, esperan sentados a la mesa a que les llegue la comida que nosotros les suministramos con lo que nos metemos en la boca.

Algunas bacterias sobreviven comiéndose la capa mucosa que recubre el intestino, porque, con la alimentación que llevamos hoy en día y la consiguiente falta de fibra procedente de las frutas, las verduras, las legumbres y los frutos secos, es difícil que puedan alimentarse y desarrollarse. Sin embargo, resulta asombroso con qué rapidez la microbiota intestinal es capaz de adaptarse a nuestros cambios en la dieta, pues las bacterias intestinales pueden duplicarse cada 30 o 40 minutos.

Las bacterias que se encuentran en nuestro aparato digestivo se han adaptado al tipo de alimentación que ingerimos habitualmente. En cambio, aquellas especies que necesitan alimentos que no forman parte de la dieta de un individuo acabarán subsistiendo a base de las mucosas intestinales existentes o desaparecerán directamente.

Por ejemplo, si tu alimentación se basa en comer pasta y pizza, tendrás más bacterias adaptadas a alimentarse de este tipo de comida, mientras que las que se alimentan de fruta y verdura tendrán que sobrevivir como puedan, ya que a ellas no les llega alimento.

Por tanto, nuestra microbiota es completamente adaptable a los cambios de dieta y así puede obtener el máximo partido de los nutrientes. Aunque esto implica que haya especies que, en otros tiempos o con otro tipo de dieta, han sido abundantes y ahora, con la alimentación moderna, han desaparecido.

Se sabe que la microbiota occidental consta de menor variedad de microbios que la de los pueblos que ingieren menos cantidad de alimentos procesados, toman menos antibióticos y no utilizan tantos desinfectantes. Es importante saber que la diversidad de un ecosistema como el intestino es fundamental para amortiguar cualquier fallo general, por lo que una pérdida de diversidad bacteriana incrementa el riesgo de que se produzcan fallos y empeore la salud de los que alberguen ese ecosistema.

Cada una de las especies de nuestra microbiota tiene su código genético propio (genoma) y el conjunto de todos los genes de los microbios es lo que denominamos microbioma, nuestro segundo genoma. El genoma humano es exclusivo de cada uno, excepto en gemelos idénticos; sin embargo, no hay dos microbiotas intestinales exactamente iguales, ni siquiera la de los gemelos.

¿Qué dice tu caca de ti?

Las heces son parte de nuestro proceso digestivo y son muy importantes porque son la manera en que nuestro cuerpo se deshace de los residuos, por lo que analizar la forma, la consistencia y el color de las heces nos dará pistas sobre lo que ocurre en nuestro tracto gastrointestinal y, por tanto, en nuestra salud.

Las heces están compuestas por agua, bacterias intestinales, bilis, jugos pancreáticos y restos de alimentos no digeridos o absorbidos como las fibras, los granos o las semillas.

Si no sabes describir cómo son tus heces no te preocupes, porque para ello los científicos desarrollaron la escala de heces de Bristol, una tabla que clasifica la forma de las heces en siete grupos, desde el estreñimiento (tipo 1 y 2 en la tabla) hasta la diarrea (tipo 5, 6 y 7). Lo normal sería encontrarnos entre los tipos 3 y 4, siendo el 4 la mejor opción.

EL COLOR DE LAS HECES

El color de las heces puede verse influenciado por lo que comes, por la velocidad con la que se han desplazado por tu sistema digestivo o por la cantidad de bilis que presenta, un líquido amarillo verdoso que digiere las grasas; pero este líquido, a medida que va pasando por el tubo digestivo, cambia de

¿Qué podría estar indicando la forma de tus heces?
Según la escala de Bristol

1. Estreñimiento severo
Trozos duros, separados, que pasan con dificultad

2. Ligero estreñimiento
Como una salchicha compuesta de fragmentos

3. Normal
Forma de morcilla con grietas en la superficie

4. Normal
Como una salchicha o serpiente, lisa y blanda

5. Falta de fibra
Trozos de masa pastosa con bordes definidos

6. Ligera diarrea
Fragmentos pastosos con bordes irregulares

7. Diarrea severa
Acuosa, sin pedazos sólidos, totalmente líquida

color a verde o marrón gracias a las enzimas digestivas. Si las heces se han movido más lentas, tenderán a tener un color marrón oscuro y, si se han movido más rápido, preservarán el color amarillo brillante de la bilis.

A este respecto es muy importante recordar que hay 3 colores en las heces que son los que más preocupan: el rojo, el negro y el blanco o color muy claro.

Rojo: Sangrado en el aparato digestivo inferior, como en el intestino grueso o el recto, o hemorroides; también puede deberse a inflamación en el intestino, colitis ulcerosa, enfermedad de Crohn u otras enfermedades.

Alimentos que pueden teñir las heces de color rojo: remolacha, colorante rojo, zumos de tomate, gelatinas de color rojo.

Negro: Sangrado en el tracto digestivo superior, como úlceras gastroduodenales o varices esofágicas. Pueden teñir las heces de negro: bismuto, regaliz negro o suplementos de hierro (en este caso, el olor de las heces no sería fétido).

Blanco: Obstrucción en el conducto biliar, lo que conlleva la falta de bilis en las heces, pues esta no pasa del hígado al intestino. Puede deberse a la toma de medicamentos.

Verde: Los alimentos pasan muy rápido por el intestino grueso y la bilis no tiene tiempo de descomponerse. Puede deberse a situaciones de estrés o intestino irritable. También pueden dar color verde a las heces: verduras de hoja verde, colorantes de alimentos verdes o suplementos de hierro.

¿Qué podría estar indicando el color de tus heces?

Heces normales
Salud

Heces verdes
Exceso de estrés
Síndrome de intestino irritable
Consumo de vegetales verdes

Heces amarillas
Problema de absorción intestinal
Enfermedad celiaca
Infección intestinal

Heces oscuras
Suplementos con hierro
Úlceras gástricas
Varices esofágicas

Heces claras
Dificultad para digerir la grasa
Problemas en el hígado
Problemas en la vesícula biliar

Heces rojizas
Hemorroides
Enfermedad de Crohn
Infección intestinal
Colitis ulcerosa

Amarillo: Exceso de grasa en las heces, malabsorción como, por ejemplo, en caso de enfermedad celiaca, inflamación intestinal acompañada de dolor abdominal y diarrea o falta de producción de enzimas pancreáticas. El gluten o el exceso de consumo de alimentos grasos que aceleran el tránsito intestinal pueden producir también heces amarillas.

Marrón: Heces normales, estado de salud.

Tus cacas son una buena fuente de información sobre cómo se encuentra tu sistema digestivo y tu salud en general. Es importante que las heces tengan una consistencia adecuada, porque esto nos permitirá comprobar si se están absorbiendo correctamente los nutrientes.

FORMA Y TEXTURA

Las heces no deberían oler muy mal, no deberían ser como bolitas de cabra (estreñimiento) ni pastosas o líquidas. Deberían tener forma de salchicha consistente y no ser ni muy secas ni muy duras; además, es importante que se hundan en la taza del váter y no floten. Si tus cacas flotan, puede ser que falte bilis, que es la que se encarga de la digestión de las grasas, por lo que, si flotan, será porque llevan un exceso de grasa que no se ha podido digerir. Es lo mismo que ocurre cuando pones un chorro de aceite en un vaso de agua: flota.

Aparte de la forma y la textura de nuestras heces, hay que prestar atención también a los síntomas acompañantes: si tienes más gases, sensación de hinchazón o de estar lleno todo el día, o si cambia el olor de tus heces.

No existe una definición de una deposición «normal», pero si llevas un tiempo experimentando un cambio en la forma o textura de las heces, acude a tu médico.

CAPÍTULO 2

La microbiota, el órgano olvidado

Integrado en la fisiología del individuo, la microbiota se considera un órgano más, que colabora en el mantenimiento del equilibrio del ser humano con el medio. Pero ¿qué es exactamente la microbiota intestinal? Se trata del conjunto de los microorganismos (bacterias, hongos, parásitos, arqueas, virus y más, o sea, bichitos buenos y malos) que residen en nuestro intestino. Según su comportamiento pueden diferenciarse en comensales, mutualistas y patógenos. Los mi-croorganismos componen entre 1 y 2 kg de nuestro peso total, y hasta un 70 % de nuestras heces.

Tenemos bacterias en todo el tubo digestivo, desde la boca hasta el colon. En el estómago y el duodeno tenemos pocos microorganismos porque las secreciones ácidas, biliares y pancreáticas destruyen la mayor parte de los microbios que ingerimos; además, el movimiento del intestino delgado dificulta también su colonización. El número de

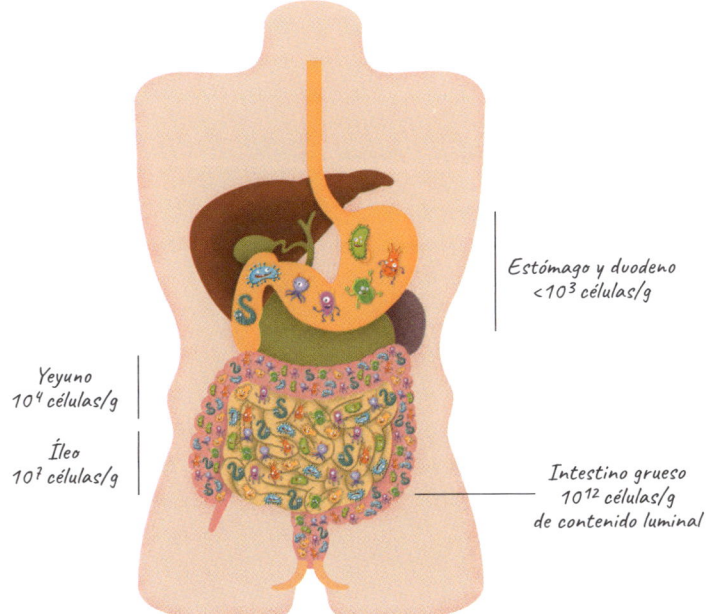

Estómago y duodeno
$<10^3$ células/g

Yeyuno
10^4 células/g

Íleo
10^7 células/g

Intestino grueso
10^{12} células/g
de contenido luminal

Cantidad de bacterias según la zona del trato digestivo

bacterias aumenta según nos vamos acercando al colon o intestino grueso (figura anterior). En el colon, los microorganismos tienen más facilidad para proliferar, porque el tránsito es lento, aproximadamente de entre 2 y 4 días.

Se estima que el número de bacterias en el colon de un hombre de referencia (20-30 años, 170 cm de altura y 70 kg de peso) es de unos 38 billones, mientras que el número de células humanas en un hombre adulto estándar es de unos 30 billones aproximadamente. Por eso se calcula que la proporción de microbios respecto a células humanas es de 1,3:1. La exposición a una población tan grande y diversa de microorganismos hace que el intestino sea el componente más grande y complejo del sistema inmunitario.

El tracto gastrointestinal tiene dos funciones: la nutrición y la defensa. Ambas no solo dependen de la barrera mucosa, es decir, del sistema inmunitario de las mucosas y las glándulas secretoras, sino también de los microorganismos que colonizan el intestino.

Los microorganismos se encargan de digerir los alimentos que nosotros no podemos digerir y, a cambio, nos aportan sustancias beneficiosas. Se trata, por tanto, de una relación mutualista; ¡todos ganamos! Pero también puede darse otro tipo de relación, el comensalismo, en el que todos los microorganismos utilizan el ambiente del huésped para obtener nutrientes. Son relaciones normalmente inofensivas, pero pueden convertirse en perjudiciales si cambian las condiciones ambientales, como la temperatura y el pH. Otro tipo de relación es la parasitaria, en la que el único que sale beneficiado es el parásito.

El tracto gastrointestinal presenta la mayor superficie de contacto con el exterior (el intestino delgado mide de 6 a 7 metros de longitud y el intestino grueso, 1,5 metros, con un área aproximada de 250 m²) y, por el tipo de función que desempeña, es una de las regiones que más carga antigénica recibe.

Funciones de la microbiota, ¿qué hace dentro de nosotros?

La simbiosis con nuestras bacterias consiste en que nosotros les proporcionamos la residencia donde viven (el tubo digestivo) y la alimentación para subsistir y ellas, a cambio, nos ayudan a desarrollar funciones y producir sustancias que nuestro organismo no sería capaz de fabricar sin su ayuda.

Las principales funciones de la microbiota intestinal son:

- Prevenir la colonización por otros microorganismos patógenos (bacterias malas, parásitos, virus...). Esto es por el efecto «barrera» por el que las bacterias impiden el paso de bacterias extrañas al ecosistema, y lo hacen debido a la capacidad de las bacterias para segregar sustancias antimicrobianas que impiden el crecimiento de otras bacterias. Además, se debe a la competición entre bacterias por los recursos del sistema, ya sea por nutrientes o por espacio.

- Ayudar a digerir alimentos y absorber nutrientes. Los microorganismos se encargan de digerir los alimentos que nosotros no podemos digerir y a cambio nos reportan sustancias beneficiosas.
- Producir vitaminas B y vitamina K (necesaria para la coagulación), que el organismo humano no es capaz de sintetizar.
- Estimular al sistema inmunitario. Tras el nacimiento, las células del sistema inmunitario no son capaces de reconocer o diferenciar lo que es «propio» de lo «extraño», por lo que todo (lo bueno y lo malo) es reconocido como parte del organismo y no se desencadena la respuesta inflamatoria pertinente.

Actualmente se acepta que, para alcanzar un estado de salud integral, es necesario que nuestra microbiota, particularmente la asociada al tracto gastrointestinal, también esté sana. Los principales indicadores de salud de la

microbiota son su riqueza (cantidad de microorganismos) y su biodiversidad (cantidad de especies).

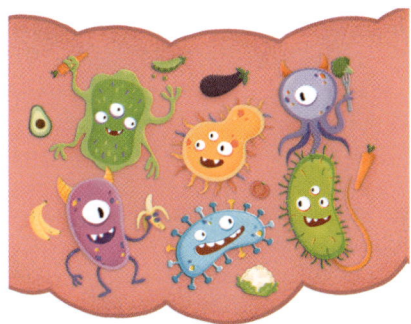

Uno de los beneficios más importantes que nos proporciona la microbiota intestinal (los bichitos que viven en nuestro intestino) son la síntesis de vitaminas, ácidos grasos de cadena corta como el butirato, el propionato o el acetato, que nos proporcionan un 10 % de la energía, ya que ayudan a producir glucosa en el intestino de manera natural, lo que quiere decir que una persona que no come bien y no produce estos ácidos grasos tendrá que buscar esa energía a través de hidratos de carbono de rápida absorción como los bollos o las galletas. Esta producción natural te hará sentir más saciado.

Además, fabrican más del 80 % de los neurotransmisores del cerebro, como la serotonina y la dopamina, por lo que tendrán un papel importante en el estado de ánimo.

Los ácidos grasos de cadena corta son importantes para la salud digestiva, pues suministran energía a las células del colon

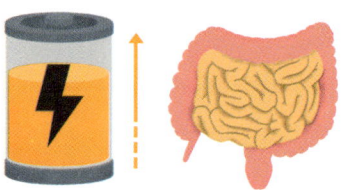

El butirato es un nutriente muy importante para los enterocitos (células intestinales). Además, tiene efectos antioxidantes y antiinflamatorios.

Aquí va una lista de los principales alimentos que pueden aumentar la producción de butirato en el intestino:

· ajo
· cebolla
· puerro
· espárragos
· alcachofa
· plátano
· centeno
· legumbres
· mantequilla o ghee (mantequilla clarificada)
· queso curado
· diente de león

Por tanto, si no comes fibra suficiente, las bacterias ya habrán fermentado todos los hidratos de carbono que has comido y pasarán a fermentar las proteínas, esto lo notarás cuando los gases que expulses huelan a huevo podrido, porque aumentan las bacterias proteolíticas y se genera una mayor producción de amoniaco u otros productos como sulfitos, fenoles, índoles, etc. Si eres de los que comen mucha más proteína animal que vegetal, puede pasar por ejemplo en deportistas que suelen llevar dietas muy altas en proteínas, habrás notado que tienes más gases con mal olor.

Solemos digerir mejor los alimentos que estamos acostumbrados a comer, por ejemplo, una persona vegetariana que no ha comido carne desde hace diez años y quiere volver a introducirla tendrá que hacerlo poco a poco, porque ya no tendrá las bacterias que le ayudan a digerirla y al revés, alguien que nunca come legumbres será más propenso a decir «las legumbres me dan gases», ya que tiene poco entrenadas a sus bacterias.

La microbiota: innata y adquirida

El único momento de la vida en el que tenemos muchas más células humanas que microorganismos es antes de nacer.

Aunque aún se sigue investigando si nacemos completamente estériles o no, es cierto que, al entrar en el canal del parto, el bebé es colonizado por las bacterias que le transfiere la madre y, más adelante, el medioambiente y la lactancia materna.

En un recién nacido, la capa viscosa de mucosa que recubre y protege las paredes del intestino es irregular y muy finita, aún inmadura y, por tanto, le deja expuesto a invasiones por parte de microbios dañinos. Con el paso del tiempo, se va haciendo cada vez más gruesa y ese espesor se optimiza para proteger la integridad del intestino. Sería como una armadura que mantiene las células intestinales del niño alejadas de las bacterias intestinales para reducir al mínimo el riesgo de que cualquier bacteria intrusa pueda llegar al torrente sanguíneo y provocarle una infección.

Los encuentros con los primeros colonizadores empezarán a preparar el camino para que esta enorme capa mucosa, que puede tener una superficie de unos 180 m² (como una casa), comience a ser eficaz y el sistema inmunitario del bebé empiece a reaccionar ante bacterias patógenas, parásitos, virus, alérgenos, además de disponer de una barrera intestinal fuerte que impida la invasión de bacterias malas o toxinas, pero que deje sin embargo pasar a las bacterias buenas.

LAS PRIMERAS BACTERIAS

Cuando el bebé pasa por el canal del parto, se topa con las bacterias procedentes de la microbiota vaginal y anal de la madre, que suele albergar una gran cantidad de lactobacilos, que luego aparece en la microbiota intestinal del bebé. Sin embargo, en el parto por cesárea, el proceso es otro, pues las primeras bacterias con las que se encuentra el bebé son las de la piel del personal sanitario y las de las superficies del hospital. Por eso, para que los niños nacidos por cesárea no salgan perjudicados, es importante utilizar técnicas que garanticen el primer contacto del neonato con las bacterias de su madre. Así, lo que se empieza a hacer es recoger en una gasita muestras vaginales de la madre e impregnar con estos microbios al bebé por diferentes puntos del cuerpo para asegurarse de que el niño se expone a las mismas bacterias que si hubiera nacido por parto vaginal. Ojalá esta técnica u otras que aproximen al bebé a tener una microbiota intestinal normal acompañen a todos los partos por cesárea. Es importante saber que, aunque un niño haya nacido por cesárea, la lactancia materna le ayudará a repoblar su microbiota intestinal, junto con un bajo o nulo consumo de antibióticos y una adecuada alimentación en periodos posteriores a la lactancia materna.

LACTANCIA MATERNA

La leche humana aporta una nutrición completa al bebé, es rica en grasas, proteínas e hidratos de carbono, además de otros componentes beneficiosos, como anticuerpos y otras moléculas inmunitarias, que refuerzan el sistema inmunitario del lactante. Contiene también los llamados «oligosacáridos de la leche humana», que son hidratos de carbono complejos y se encuentran en gran cantidad en la leche, por detrás de las grasas y la lactosa. Los humanos no podemos digerir estos hidratos de carbono de estructura compleja, por tanto, el bebé no los digerirá, pero no están diseñados para la alimentación del lactante, sino para su microbiota. Los microbios intestinales los digerirán y extraerán toda la energía de

los oligosacáridos de la leche humana, sobre todo las bifidobacterias, bacterias más abundantes en el intestino de un bebé sano, y también los bacteroides, por lo que les proporcionan el alimento necesario para que subsistan en la fase en la que la alimentación es exclusivamente a través de la lactancia y, cuando se introduzca la materia vegetal, estas bacterias ya estarán preparadas para proliferar. Por tanto, la mamá dará alimento al bebé y a su microbiota, creando así una comunidad lo más beneficiosa posible.

¿Y LA LECHE MATERNIZADA DEL SUPERMERCADO?

La industria intenta hacer una fórmula lo más parecida posible a la leche materna en lo que a nutrir a la microbiota del lactante se refiere. Uno de los ingredientes que se le añaden son los galactooligosacáridos, unos hidratos de carbono que intentan imitar a los oligosacáridos de la leche materna (exclusivos de los humanos, ningún otro animal fabrica una mezcla idéntica a la nuestra) en cuanto a su composición química y su efecto en la microbiota. Las leches artificiales también incorporan probióticos para mejorar la composición bacteriana en el intestino, pero es cierto que aún no se sabe con certeza cuál sería la microbiota ideal para un bebé.

La OMS recomienda la lactancia materna exclusiva durante seis meses, la introducción de alimentos apropiados y seguros para la edad del bebé y el mantenimiento de la lactancia materna hasta los 2 años o más. Si esto no fuera viable, cualquier cantidad, por pequeña que sea, siempre reportará más beneficio que no dar nada. Pero, a veces, no es posible dar el pecho por razones médicas; en esos casos, la leche maternizada sí será una buena opción, y una buena alimentación posterior también ayudará al bebé a crecer sano.

La diversidad de la microbiota intestinal fluctúa a lo largo de toda la vida y dependerá de la alimentación, el estrés, los cambios hormonales, determinadas enfermedades, el uso de antibióticos, los tóxicos ambientales...

La composición de la microbiota intestinal

El tracto gastrointestinal contiene gran cantidad de microorganismos como las bacterias, los hongos, los virus y los parásitos. En el intestino existen más de 1.000 tipos de bacterias. Tenemos bacterias buenas, que son las que están implicadas en la regulación inmunológica y la nutrición, y otras que son bacterias inofensivas cuando se encuentran en equilibrio, pero potencialmente malas si no es así. Si se produce un cambio y las bacterias buenas empiezan a disminuir, las inofensivas se vuelven malas y aumentarán los patógenos que pueden causar enfermedad.

RELACIÓN CON LA OBESIDAD

La obesidad, especialmente en países industrializados, representa uno de los mayores problemas de salud relacionado con la diabetes, las enfermedades cardiovasculares, la hipertensión y la grasa visceral, entre otras.

Es cierto que el acúmulo de grasa se produce cuando la energía consumida es mayor que la que el cuerpo gasta, por lo que el cuerpo tenderá a tener más reservas, pero no es lo único que cuenta. Hay muchos más factores implicados, como el metabolismo basal y los factores ambientales y genéticos.

Es más importante la calidad de lo que comes que la cantidad, aunque esta también es importante y, por supuesto, desarrollar actividad física.

Con esto quiero decir que dos productos pueden tener las mismas calorías, por ejemplo:

- 2 naranjas = 80 kcal aprox.
- 1 refresco cola (200 g) = 80 kcal

Sin embargo, nunca podremos decir que son dos productos iguales solo con mirar la cantidad de kcal; de hecho, excederse con 150 kcal de azúcar de mala calidad en la dieta implica un aumento de 11 veces la prevalencia de diabetes de tipo 2, hipertensión, obesidad, aumento de grasa, etc., en comparación con un exceso idéntico de 150 kcal provenientes de buenos alimentos.

Este inciso en la calidad de la alimentación resalta la estrecha relación que existe entre la composición de la microbiota intestinal, que se alimenta de comida natural, como frutas, verduras, legumbres y frutos secos, y la obesidad.

Los cambios en la microbiota intestinal por una mala alimentación (recordemos que nuestros comensales, las bacterias buenas, esperan un tipo de alimento que les guste y los haga crecer) son capaces de promover un estado de inflamación crónico de bajo grado en el huésped, caracterizado por la resistencia a la insulina y el riesgo cardiovascular.

Además, estudios en ratones demuestran que tener una microbiota poco diversa (menos variedad de especies de microorganismos) hacía aumentar las calorías durante la digestión, lo que no ocurre en los ratones con una microbiota más diversa. Es decir, el aumento de la grasa corporal tiene relación con la composición de una microbiota intestinal poco diversa, ya que esta puede incrementar la extracción de energía (calorías) de los alimentos.

Dos personas que coman lo mismo pueden extraer distintas calorías en función de si su microbiota intestinal es rica en diferentes especies de microbios o no.

En personas obesas, puede haber un aumento excesivo de Firmicutes, al igual que ocurre en el caso de los ancianos. Recuerda que un incremento de Firmicutes está asociado a un mayor consumo de fibra en la dieta y un menor estado proinflamatorio, pero este consumo no debe ser excesivo, porque perdería sus efectos antiinflamatorios. Por eso debemos buscar un buen equilibrio entre Firmicutes y Bacteroidetes.

FIRMICUTES Y BACTEROIDETES

En personas sanas, las secciones del tracto gastrointestinal superior (esófago, estómago y duodeno) están representadas mayoritariamente en proporciones similares (30 % cada uno) por los filos Firmicutes, Bacteroidetes y Proteobacteria, con poblaciones menores de Fusobacteria y Actinobacteria.

En las secciones inferiores del tracto gastrointestinal (yeyuno, íleon, colon y recto), el microbioma está definido principalmente por los filotipos de bacterias más abundantes, Firmicutes y Bacteroidetes, que representan el 90 % de la microbiota intestinal. En menor medida, tenemos el filotipo Actinobacteria y Proteobacteria.

Firmicutes: Este filo bacteriano se encarga, fundamentalmente, de la fermentación de los hidratos de carbono. Incluye, entre otros géneros, *Lactobacillus* (probióticos con efectos antiinflamatorios), *Enterococcus* y *Clostridium*.

Bacteroidetes: Incluye los siguientes géneros:

- **Bacteroides,** asociado a una dieta occidental con alto consumo de grasas y proteínas de origen animal.
- **Prevotella,** asociado a una dieta alta en fibras prebióticas de origen vegetal.

Actinobacteria: *Bifidobacterium* (probiótico, bacterias buenas). Las bifidobacterias producen acetato y lactato, que son usados por otras poblaciones intestinales para generar butirato (véase la pág. 26).

Proteobacteria: *Helicobacter*, *Clostridium*, *Escherichia coli*, entre otras (bacterias potencialmente malas).

¿Cómo equilibrar la relación Firmicutes /Bacteroidetes?

Aquí os pongo unos cuantos consejos para mantener una buena relación entre los Firmicutes y los Bacteroidetes:

- Consumir más alimentos ricos en quercetina: trigo sarraceno, manzana, ajo, cebolla, espárragos.
- Aumentar el consumo de los polifenoles como arándanos, frambuesas, granada, cacao, frutos secos como sésamo, nueces, almendras...
- Aumentar las proteínas de buena calidad: huevos, pescado, carne, legumbres...
- No abusar de los hidratos de carbono hasta conseguir mantener este equilibrio: azúcares y harinas, incluido el pan y las harinas integrales. (Los azúcares procedentes de alimentos procesados no deben incluirse en una dieta sana, solo de forma excepcional).
- Aumentar el consumo de verduras, tanto en el almuerzo como en la cena.
- Comer de 2 a 3 piezas de fruta al día.
- Aumentar el consumo de grasas sanas, como frutos secos, aguacate, pescado azul, aceite de oliva o de coco, etc.

BACTERIAS PROTEOLÍTICAS O PROTEOBACTERIAS

Son aquellas bacterias que colonizan principalmente el tramo descendente del intestino grueso. Son bacterias potencialmente malas si crecen en exceso, pero si no, todo estará bien y habrá un equilibrio adecuado.

La microbiota proteolítica contribuye a la digestión de las proteínas y en este proceso se producen productos de degradación buenos, como los aminoácidos, y otros potencialmente dañinos, como las aminas biógenas (histamina, putrescina, cadaverina...), amoniaco, escatol, fenol, indol, etc.

Un exceso de ingesta de proteínas de origen animal en la dieta es uno de los factores que hacen incrementar bacterias encargadas de la degradación de proteínas. Este exceso de bacterias proteolíticas alterará la normal distribución de la microbiota y la estabilidad de la capa de moco (donde viven las bacterias), aumentando la permeabilidad e incrementando así a nivel local la inflamación, con mayor carga de tóxicos que viajarán hacia el hígado y de sustancias irritativas para la mucosa intestinal.

Es decir, una dieta con exceso de ingesta de proteínas animales y pobre en vegetales permite el crecimiento de bacterias proteolíticas por encima de su rango de normalidad. Aunque no siempre tiene relación con un elevado consumo de proteína animal, puede producirse también cuando hay permeabilidad intestinal o disbiosis.

Estos son los posibles síntomas del sobrecrecimiento de bacterias proteolíticas:
- Malas digestiones
- Gases con mal olor, como a huevo podrido
- Estreñimiento o diarrea
- Hinchazón abdominal
- Molestias abdominales

¿Cómo disminuir las bacterias proteolíticas?

SOLUCIONES

Para prevenir los síntomas descritos en el apartado anterior, conviene seguir las siguientes indicaciones:
- Disminuir la cantidad de proteína animal en la dieta, sobre todo carne, leche y embutido.
- Comer más cantidad de proteína vegetal, incrementar el consumo de legumbres.

- Aumentar el consumo de frutas y verduras.
- Corregir la permeabilidad intestinal o disbiosis, típica en este tipo de pacientes. (Sigue leyendo para ver cómo tener una buena salud intestinal).

El equilibrio de la microbiota intestinal

Tenemos bacterias buenas o amigas, denominadas «probióticas», como *Lactobacillus* o *Bifidobacterium* que, además de proporcionar beneficios para la fermentación, nos ayudan a impedir que otras bacterias malas o patógenas colonicen el intestino. Los alimentos fermentados, como el kéfir, el chucrut, el yogur, el queso curado..., contienen probióticos.

Por otro lado, los prebióticos son el alimento de las «bacterias buenas» (los probióticos), es decir, son los que ayudan al crecimiento y desarrollo de estas. Podemos encontrar prebióticos en alimentos como la alcachofa, la achicoria, la remolacha, la cebolla, la calabaza, la avena y otros.

Una persona adulta puede albergar entre 500 y 1.000 especies de microorganismos, entre los que las bacterias de los filos Bacteroidetes y Firmicutes son los más abundantes. La relación entre Firmicutes y Bacteroidetes es un parámetro importante para evaluar el equilibrio de la microbiota intestinal. Por ejemplo, se sabe que las personas obesas tienen una cantidad mucho mayor del filo Firmicutes que Bacteroidetes. Los Firmicutes se encargan de la fermentación de los hidratos de carbono, así que cuando una persona dice «Me tomo una miga de pan y me engorda», significa que hay un exceso de Firmicutes respecto a los Bacteroidetes, lo que provoca que estas personas no sean capaces de bajar de peso con facilidad.

Somos únicos, nadie tiene la misma microbiota que otra persona. Y es ya universalmente aceptado que, para gozar de un buen estado de salud, es imprescindible tener una microbiota sana.

LOS PROBIÓTICOS

Probiótico significa literalmente «a favor de la vida». Según la definición de la OMS, son «microorganismos vivos que, administrados en la cantidad adecuada, proporcionan beneficios para la salud del huésped». Para entenderlo mejor, los probióticos son los microorganismos buenos que nos aportan beneficios cuando los ingerimos. Las especies más utilizadas como probióticos son *Lactobacillus* y *Bifidobacterium*, además de la levadura

Saccharomyces boulardii (típico probiótico que se utiliza para las diarreas, seguro que os suena Ultralevura®) y algunas especies de *E. coli* y *Bacillus*.

La conservación de los alimentos: la fermentación

Hasta que no aparecieron las primeras neveras, no había opción de conservar la fruta ni la verdura durante semanas. Por eso se comían los alimentos de temporada y se hacían conservas.

Uno de los procesos de conservación más duraderos y beneficiosos es la fermentación, en la cual los microbios consumen azúcares y producen ácidos, alcohol y gases. En un principio, se fermentaba todo: los lácteos, las legumbres, los cereales, la carne, el pescado, la fruta y la verdura. Dos de los productos más conocidos de la fermentación son el vino y la cerveza. En ella las levaduras transforman el azúcar del mosto y del grano en alcohol. El alcohol actuaba de conservante, por lo que se podía almacenar la bebida durante más tiempo.

Hace unos años, la gente se alimentaba a diario de al menos un alimento fermentado, por lo que ingerían billones de bacterias beneficiosas con cada bocado. Uno de los ejemplos más típicos de la fermentación es la elaboración del yogur, donde se añaden bacterias (probióticos) a la leche, que fermentan la lactosa (el azúcar de la leche) y la convierten en ácido láctico, que aporta esa acidez característica del yogur. Al final, la lactosa es digerida por las bacterias que fermentan la leche, por lo que el yogur suele ser tolerado por muchos intolerantes a la lactosa, ya que tiene un contenido mucho menor de lactosa que la leche en sí.

Otro ejemplo sería el chucrut o col fermentada, rica en lactobacilos que viven en la superficie de la col. Para prepararla, solo hay que cortar la col en juliana, meterla en un tarro de cristal con agua y sal y dejarla a temperatura ambiente entre 3 y 9 días con la tapa sin cerrar completamente, para que pueda escapar una pequeña cantidad de aire. Los lactobacilos presentes en la col van a fermentar el azúcar presente de manera natural en esta verdura y lo transformarán en ácido láctico, que actuará como conservante natural y dará ese sabor amargo que caracteriza a los alimentos fermentados.

El proceso de fermentación, además de conservar la comida, hace que nos resulte más fácil absorber los nutrientes, más fácil de digerir, porque las bacterias y las levaduras son las que descomponen las grasas en ácidos grasos, las proteínas en aminoácidos y los azúcares complejos en azúcares simples, además de aportar otras bacterias beneficiosas además de las originales.

Otro producto fermentado muy beneficioso es el kéfir, parecido al yogur, pero de consistencia más líquida:

- La diferencia con el yogur radica en el tipo de fermentación y en la combinación, en el caso del kéfir, de bacterias y levaduras (no solo de bacterias como el yogur). El yogur tiene una fermentación láctica y el kéfir una fermentación lactoalcohólica, en la que, además de la fermentación de la leche, se fermentan otros nutrientes como la caseína, lo que produce un sabor más intenso.
- El kéfir es más digestivo que el yogur, porque contiene más ácido láctico y levaduras que descomponen la lactosa, por tanto, es más tolerable aún para los intolerantes a la lactosa.
- Cada ración de kéfir contiene entre 10 y 34 cepas bacterianas.

Más productos fermentados con bacterias probióticas:

- **Natto:** Es un fermentado elaborado a partir de habas de soja, contiene *Bacillus subtilis*, un probiótico que ayuda al sistema inmunitario. En Japón se suele tomar con arroz.
- **Kombucha:** Se trata de una bebida a base de té obtenida de la fermentación de una colonia simbiótica de bacterias y levaduras llamada «scoby», que tiene un sabor entre dulce y ácido. Entre los ingredientes, se encuentra el azúcar en una cantidad muy limitada, que alimenta las bacterias y levaduras saludables que permiten la fermentación, pero tú no consumes el azúcar. Debe tomarse no pasteurizada para que los microorganismos permanezcan vivos y activos en el intestino.
- **Kimchi:** Es col china fermentada muy parecida al chucrut, solo que picante, y se prepara mezclado con especias, zanahoria, cebolla, guindilla, jengibre, pimientos rojos y salsa de pescado.
- **Miso:** Se elabora con soja, cebada o arroz fermentado y tiene una apariencia de pasta. Es conocido por la famosa sopa de miso que suele servirse en todos los restaurantes japoneses. La pasta nunca llega a cocerse para no perder propiedades, se añade al final para que se disuelva.
- **Quesos**
- **Kéfir de coco o de agua**

- Encurtidos
- Vinagre de manzana sin filtrar
- Cacao (o un chocolate con más del 85 % de cacao)
- Tempeh

- **Fructanos:** Son fructooligosacáridos e inulina, presentes en la cebolla, el puerro, el ajo, la alcachofa, el espárrago, el centeno, el plátano maduro, el trigo.
- **Almidón resistente:** En copos de avena, arroz, patata, batata, legumbres...
- **Galactooligosacáridos:** Se encuentran en la leche materna, en habas, judías, lentejas, garbanzos, guisantes, soja, brócoli, cebolla, remolacha, algas.

Todos estos productos, una vez fermentados, contienen cepas de bacterias buenas que refuerzan el sistema inmunitario.

LOS PREBIÓTICOS

Explicados de manera sencilla, los prebióticos son un tipo de fibra que sirve de alimento a las bacterias buenas, favorecen su crecimiento y son capaces de modificar la microbiota intestinal y aportar efectos beneficiosos a nuestras bacterias intestinales y, por tanto, a nuestra salud. Estos componentes alimentarios no los puede digerir ni absorber nuestro intestino delgado, por lo que llegan prácticamente intactos al intestino grueso, donde los esperan miles de microorganismos para alimentarse. Con ellos, aumentarás tus bacterias buenas y se reducirán las malas.

Se encuentran fundamentalmente en alimentos de origen vegetal y en la leche materna.

Dentro de los prebióticos, destacan:

Comer alimentos prebióticos te ayuda a mejorar la microbiota, aumenta las bifidobacterias, los lactobacilos y otras bacterias que se alimentan de la capa mucosa del intestino y a la vez la crean, mejoran la absorción de vitaminas y minerales, y contribuyen a reducir la inflamación.

Los prebióticos generan beneficios para el organismo por medio de los ácidos grasos de cadena corta, que son el ácido acético, el ácido propiónico y el ácido butírico. Estos ácidos se producen en el colon a través de la fermentación que efectúan las bacterias a partir de los alimentos ricos en fibra y son los que producen componentes antiinflamatorios y beneficiosos en la microbiota intestinal, que nos ayudarán a regular el estreñimiento, la diarrea, el peso, la insulina en la sangre y a controlar todas las enfermedades inflamatorias.

Además, los ácidos grasos de cadena corta pueden aportar un 10 % de la energía total corporal, por lo que las personas que no comen suficiente fibra y están estreñidas o con diarreas suelen estar más cansadas, debido, entre otras cosas, a que no son capaces de fabricar energía por sí mismas. Si ingieres comida que no va a alimentar a tus bacterias buenas o tienes una situación intestinal comprometida, no se van a generar ácidos grasos de cadena corta, por lo que te quedarás sin este chute de energía extra.

El ácido acético y el ácido propiónico se absorben en el colon y van directamente a la circulación sanguínea, mientras que el ácido butírico es el alimento favorito de las células del colon (poca cantidad va a la circulación sanguínea) y realiza funciones muy importantes tales como:

· Equilibra la microbiota intestinal.
· Fortalece la barrera intestinal.
· Tiene un efecto antiinflamatorio.
· Favorece la motilidad intestinal.
· Mejora la sensibilidad a la insulina, ayuda a prevenir el sobrepeso.

· Mejora la función cerebral.
· Tiene un efecto antimicrobiano y antibacteriano.
· Es anticarcinógeno.
· Mejora el estrés oxidativo.

¡Por eso siempre estamos pendientes de que el ácido butírico no nos falte!

Si nuestro intestino funciona correctamente, será capaz de producir ácido butírico a partir de toda la fibra prebiótica que ingerimos a través de los siguientes alimentos:

· legumbres
· cereales integrales como el centeno
· ajo
· cebolla
· puerro
· espárragos
· alcachofa
· plátano y otras frutas y verduras
· diente de león

Pero también se puede encontrar directamente en algunos alimentos (aunque es cierto que se absorbe rápidamente en el intestino delgado y puede llegar poca cantidad al colon):

· mantequilla orgánica de vacas alimentadas con pasto o ghee
· yogur, sobre todo de cabra u oveja
· quesos duros como el parmesano
· fermentados como yogur de soja, miso, tempeh, encurtidos, chucrut, kombucha

¿Qué influye sobre la microbiota?

La composición del microbioma humano —los genes de los bichitos que viven dentro de nosotros— es única en cada individuo. Es un ecosistema vivo, por lo que cada uno de sus componentes sufre cambios en el crecimiento y supervivencia. Por ejemplo, un cambio de dieta temporal puede alterar la microbiota intestinal, o una higiene excesiva podría alterar temporalmente la microbiota de la piel. Aunque no se perdería la estructura original de la microbiota si vuelven las condiciones iniciales en poco tiempo.

La modulación de la dieta es una buena estrategia y además de bajo riesgo para ayudar a cambiar el microbioma (véase el apartado «La importancia de la dieta para la microbiota y el metabolismo» en pág. 41). Y también el estilo de vida tiene una fuerte influencia sobre nuestro microbioma, por ejemplo, el hecho de convivir con una mascota hace que haya una asociación significativa en la composición del microbioma entre la mascota y la persona.

«El movimiento es vida. Sin movimiento, la vida es inconcebible.»
MOSHÉ FELDENKRAIS

EL EJERCICIO FÍSICO
El papel que la práctica del ejercicio físico desempeña en la regulación de la energía se traduce en un aumento de la diversidad microbiana. Sabemos que cuanta más diversa sea nuestra comunidad microbiana, más competente será para adaptarse a circunstancias adversas.

Es importante empezar a hacer deporte desde niños, porque mejora la composición de la microbiota intestinal potenciando bacterias buenas que nos ayudarán a tener un mejor metabolismo, más masa magra que grasa y un óptimo desarrollo de las funciones cerebrales y salud emocional durante el resto de nuestra vida. Además, las personas que practican deporte tienen unos marcadores de inflamación más bajos que las personas sedentarias. El deporte nos viene bien a todos y especialmente a las personas que sufren depresión, dolores crónicos, fatiga, resistencia a la insulina... Y no hace falta ser un deportista de élite para obtener los beneficios que el ejercicio físico aporta.

Si tu alimentación es perfecta, pero no haces ejercicio físico y sufres mucho estrés, no te quejes, tu microbiota intestinal estará siempre a medio gas. Muévete más, al menos camina a paso rápido un mínimo de media hora al día, no cojas el ascensor, sube por las escaleras, todo cambio es importante y marca la diferencia. De lo único que no te arrepentirás en tu vida una vez que ya lo has hecho es de hacer ejercicio.

Anímate y mueve tus bacterias.

Un consejo: no hagas deporte solo para quemar calorías, haz deporte para estar sano y sentirte mucho mejor. ¡No hay nada mejor que la sensación de bienestar que sientes después de hacer ejercicio!

EL SUEÑO

Otro punto importante que induce cambios en el microbioma intestinal es la falta de sueño, y es que desajustes en los ritmos circadianos se asocian con más problemas intestinales. Igualmente nos afectan desajustes como los turnos nocturnos de trabajo, que provocan un desorden en nuestro preciso reloj interno, que es el que regula nuestro comportamiento y estado fisiológico durante el ciclo de 24 h.

EL ESTRÉS

El estrés aumenta la permeabilidad intestinal (alteración de la función de filtro tan importante que tiene nuestro intestino para que no pasen hacia la sangre virus, bacterias o parásitos) e incrementa los marcadores inflamatorios. Ante una situación estresante se produce un cambio de microbiota, se altera el movimiento gastrointestinal, se ralentiza o se detiene la digestión para hacer frente a esta nueva situación, por lo que es normal que las cosas que antes nos sentaban bien ahora empiecen a darnos problemas digestivos; también por esta razón podemos sufrir más diarreas o estreñimiento y cambios de humor ante una situación estresante.

La profesión también es un aspecto determinante debido a la exposición a diferentes ambientes, materiales y lugares de residencia. Por ejemplo, un agricultor no tendrá el mismo microbioma que una persona que trabaja en una oficina, esto es por la manipulación de la tierra y el hecho de estar en contacto con productos químicos.

LA BOCA

Otro aspecto que influye sobre la microbiota es la salud bucal. La boca, después del intestino, alberga la segunda comunidad microbiana más diversa del cuerpo; cuenta con más de 700 especies bacterianas diferentes.

LOS ANTIBIÓTICOS

Los antibióticos modifican la composición bacteriana, ya que dan lugar a una disminución o desaparición de algunas bacterias y un aumento o aparición de otras especies. Los antibióticos de amplio espectro disminuyen la diversidad bacteriana y provocan un desequilibrio de Firmicutes y Bacteroidetes.

La alteración de la microbiota depende del tipo de antibiótico, su dosis y el tiempo que se toma. Los antibióticos salvan vidas, pero solo se deberían tomar bajo prescripción facultativa.

CÓMO NACEMOS

El bebé, al pasar por el canal del parto, se impregnará con las bacterias procedentes de la microbiota vaginal de la madre. En un parto por cesárea no ocurriría lo mismo; sin embargo, las bacterias pueden proceder del entorno hospitalario o de la piel de la madre. También la lactancia materna le aportará una nutrición completa al bebé, ya que no solo alimentará al lactante sino también a su microbiota a través de sustancias como los oligosacáridos de la leche materna. Y eso le preparará para generar sustancias beneficiosas para cuando se le empiece a introducir otro tipo de alimentación.

LA EDAD

La edad es otro factor importante que afecta a la composición de la microbiota. Una característica asociada al envejecimiento es la inflamación de bajo grado, acompañada de mayor fragilidad y aparición de enfermedades. En edades avanzadas empiezan a hacerse evidentes cambios morfológicos del intestino asociados al envejecimiento, como el acortamiento de las vellosidades intestinales con deformidades y atrofia, la reducción de la superficie mucosa (donde viven bacterias buenas en el intestino), cambios degenerativos en las neuronas y células del sistema nervioso intestinal. Por tanto, con el envejecimiento parece que la diversidad de la microbiota disminuye, también asociado al mayor uso de fármacos, el estrés, o las modificaciones en la dieta.

LA GENÉTICA

La predisposición genética a desarrollar una afección o enfermedad también juega un papel importante, pero lo bueno es que una exposición a un factor ambiental específico ejerce presión sobre el genoma, determinando si la enfermedad realmente se desarrollará o no y si lo hará con mayor o menor gravedad.

La velocidad de cambio de la composición del microbioma humano es totalmente personalizada, variará de una persona a otra, pero lo que sí sabemos ahora son los factores que podrían alterarlo.

> Eres lo que comes o,
> mejor dicho,
> eres lo que tus bacterias
> absorben del intestino.

La importancia de la dieta para la microbiota y el metabolismo

Hace ya 2.400 años, Hipócrates, padre de la medicina, acuñó la frase: «Que tu alimento sea tu medicina, y tu medicina sea tu alimento».

Lo que comemos condiciona la composición de la microbiota intestinal, las personas que siempre comen lo mismo tienen un microbioma más pobre, lo cual

tendrá efectos directos en su metabolismo. Por eso, hay personas que no entienden por qué no bajan de peso, aunque comen muy poca cantidad, suelen ser las que no priorizan la calidad de lo que comen sino solo la cantidad. En este caso, como hemos explicado anteriormente, pueden estar comiendo pocas calorías, pero, al tener poca diversidad microbiana por una dieta escasa en nutrientes, su cuerpo va a extraer más calorías de los alimentos, por lo que acumularán más grasa y engordarán.

El principal objetivo, por tanto, es ayudar a mejorar la diversidad de bacterias en nuestra microbiota e incrementar la cantidad de ácidos grasos de cadena corta que se producen por fermentación bacteriana.

Hay muchos estudios que demuestran que aquellos individuos que tienen una microbiota variada que produce muchos ácidos grasos de cadena corta están más sanos y son menos propensos a desarrollar enfermedades que aquellos que tienen una microbiota intestinal pobre.

> Lo más interesante es que la microbiota es muy sensible a los cambios dietéticos, por lo que siempre estamos a tiempo para variar nuestra alimentación y empezar a mejorarla.

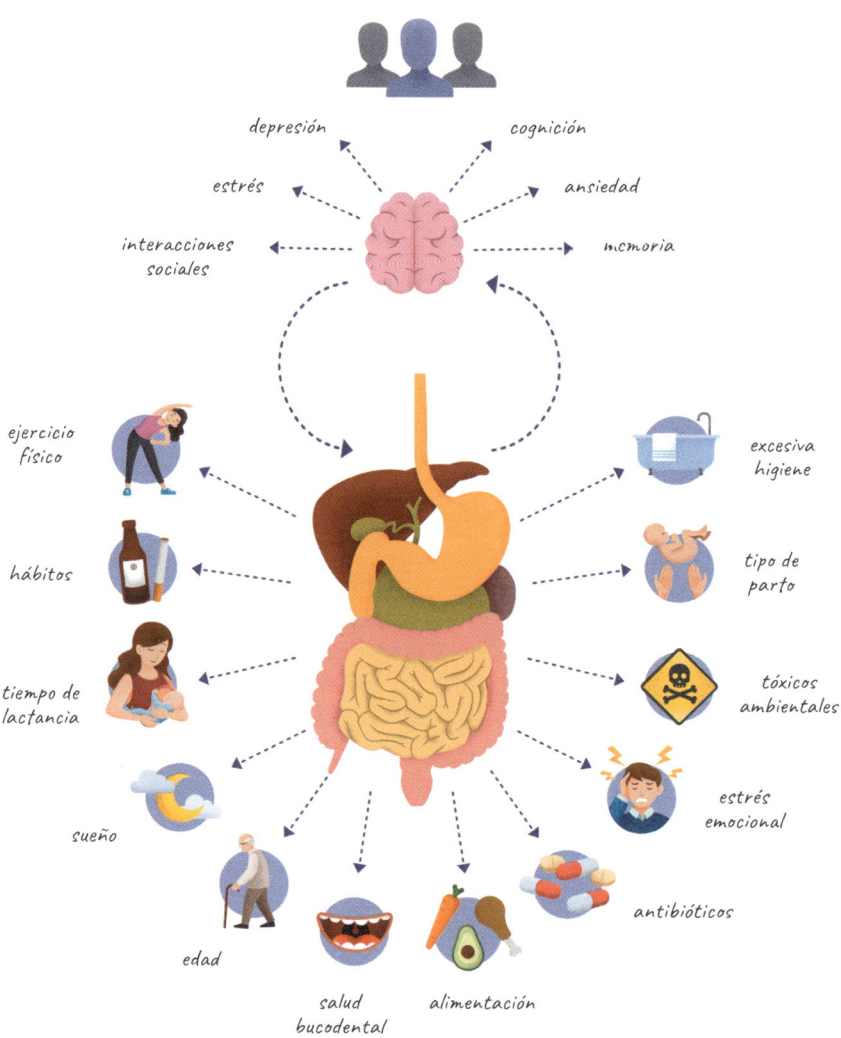

Fuente propia

Se pueden hacer muchos cambios en la microbiota en un corto espacio de tiempo, pero mantener una microbiota diversa dependerá del mantenimiento de una buena alimentación en el largo plazo.

EL TIPO DE DIETA SÍ INFLUYE

El cambio a una dieta más occidental frente a la dieta mediterránea es lo que ha contribuido en el mundo desarrollado a un incremento de las enfermedades crónicas como la diabetes, la obesidad, la enfermedad inflamatoria intestinal, las alergias, las enfermedades autoinmunes, la depresión y otros trastornos neuropsiquiátricos.

Diferenciamos entre dos dietas con características bien distintas.

La dieta occidental:
- Rica en grasas, sal, azúcares o hidratos de carbono simples y baja en fibra.

La dieta mediterránea:
- Rica en fibra procedente de legumbres, frutos secos, verduras, frutas y cereales de grano entero; un consumo moderado de carnes blancas y pescado, y bajo de carnes rojas.

En la siguiente ilustración, se muestran los efectos que se generan en la composición de la microbiota intestinal y en la fisiología del individuo en función del tipo de dieta, occidental o mediterránea.

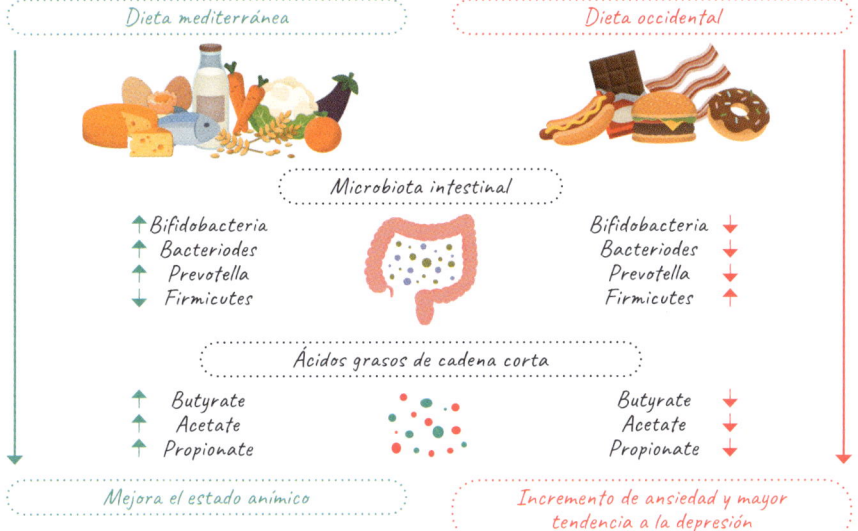

Dieta mediterránea — Dieta occidental

Microbiota intestinal

Dieta mediterránea	Dieta occidental
↑ Bifidobacteria	Bifidobacteria ↓
↑ Bacteriodes	Bacteriodes ↓
↑ Prevotella	Prevotella ↓
↓ Firmicutes	Firmicutes ↑

Ácidos grasos de cadena corta

↑ Butyrate	Butyrate ↓
↑ Acetate	Acetate ↓
↑ Propionate	Propionate ↓

Mejora el estado anímico — Incremento de ansiedad y mayor tendencia a la depresión

El consumo de una dieta occidental muestra un cambio en la relación Firmicutes/Bacteroidetes similar al observado en la microbiota intestinal de las personas con sobrepeso u obesidad. Recordemos que el filo Firmicutes consta de bacterias que se encargan de la fermentación de los hidratos de carbono (no nos interesa tener un exceso de este tipo de bacterias) y el filo Bacteroidetes está formado a su vez por:

- **Bacteroides:** asociado a una dieta occidental con alto consumo de grasas y proteínas de origen animal.
- **Prevotella:** asociado a una dieta alta en fibras prebióticas de origen vegetal.

Por tanto, nos interesa tener un equilibrio razonable entre estos dos filos bacterianos. El rápido cambio a la dieta occidental, con un alto contenido en grasa proveniente, sobre todo, de alimentos procesados y rica en hidratos de carbono simples (harinas refinadas procedentes de bollería, galletas, pasta blanca, azúcares, etc.) da lugar a una pérdida progresiva de la diversidad bacteriana. En la figura de la página anterior, se puede observar que esta nueva tendencia dietética supone un cambio significativo en el incremento del filo Firmicutes y la reducción de Bacteroidetes.

Las personas que tienen exceso de peso u obesidad tienen una menor cantidad de bifidobacterias y Bacteroidetes

en el intestino y una mayor cantidad de Firmicutes. Además, estudios en ratones demuestran que, en la microbiota de los ratones obesos, hay un 50 % menos de Bacteroidetes y más Firmicutes que en los ratones delgados. Se observó también que la microbiota de los ratones obesos (con menos diversidad de especies) liberaba más calorías durante la digestión que la de los ratones delgados.

El aumento de grasa corporal tiene relación con la composición de una microbiota intestinal deficiente o poco diversa, ya que esta puede incrementar la extracción de energía (calorías) de los alimentos.

La microbiota intestinal de los individuos obesos es deficiente porque produce menos ácidos grasos de cadena corta como el butirato, el acetato y el propionato (provenientes de alimentos vegetales como las frutas y las verduras), que contribuyen a la nutrición de la barrera mucosa intestinal (donde viven las bacterias en el intestino), pero también a una menor incidencia de enfermedades metabólicas, cardiovasculares e inflamatorias.

LOS BENEFICIOS DE LA DIETA MEDITERRÁNEA

La dieta mediterránea, sin embargo, por su efecto antiinflamatorio relacionado con una microbiota intestinal más diversa o con más especies diferentes, ha mostrado una significativa reducción de las enfermedades crónicas, como las autoinmunes, el cáncer y las enfermedades neurodegenerativas, además de mejorar la enfermedad de Crohn. Asimismo, hay evidencias suficientes para afirmar que la dieta mediterránea reduce la incidencia de la depresión y el uso de antidepresivos, pues es rica en vitamina B, un nutriente relacionado con la síntesis de neurotransmisores como la serotonina o la dopamina, asociados al bienestar y a la recompensa. Debido a esta fuerte asociación de los neurotransmisores con la depresión, se puede decir que podemos ser capaces de modular nuestro estado de ánimo a través de la dieta.

El déficit de la especie Prevotella se relaciona con una menor ingesta de proteínas de origen vegetal (frutos secos, legumbres, frutas y verduras) y una mayor tendencia a engordar.

Es importante saber que tenemos un tipo de bacterias u otro según nuestro patrón alimentario a medio y largo plazo, por eso, comer un día mal no va a afectar a tus bacterias, pero sí lo harían largas temporadas de dietas con restricción de vegetales.

TODO AQUELLO QUE INGIERES IMPORTA

Lo que comes condiciona la composición de tu microbiota intestinal, una dieta basada en productos animales y pocos vegetales va a producir un aumento de bacterias proteolíticas, que son las que producen gases con olor a podrido y otros productos tóxicos.

Otra de las especies que parecen tener un especial protagonismo en el desarrollo de la obesidad es *Akkermansia muciniphila*. Esta bacteria es muconutritiva, lo que significa que, aparte de alimentarse del propio moco de la mucosa intestinal, es capaz de crearlo. Además, *Akkermansia* produce propionato y acetato, dos ácidos grasos de cadena corta que como habíamos dicho proporcionan energía extra a nuestro organismo. También puede utilizar la vitamina B_{12} producida por otras bacterias para su producción propia de propionato. Dietas ricas en grasas de mala calidad, no realizar ejercicio físico y el consumo de alcohol ayudan a disminuir la concentración de *Akkermansia muciniphila*, mientras que el consumo de alimentos ricos en polifenoles la aumenta.

Los alimentos ricos en polifenoles (un prebiótico que incrementa las bacterias beneficiosas en nuestro intestino) son compuestos fenólicos presentes en alimentos vegetales como:

- fruta y verdura
- cacao o chocolate >80 % de cacao
- frutos secos como las nueces
- lino, sésamo, chía
- té verde, café natural (mejor utilizar granos de café y molerlos antes de tomarlo)
- aceite de oliva
- especias picantes

Para poder absorber dichos polifenoles tienes que tener unas bacterias intestinales muy variadas que metabolicen estos compuestos y así poder obtener sus efectos positivos.

Cuanto más variada sea nuestra dieta en polifenoles mejor, porque, si comemos siempre lo mismo, podemos arriesgarnos a no tener alguna de las bacterias que saben metabolizar estos polifenoles y perderemos esos beneficios.

La microbiota y el ciclo menstrual

Hablar de la relación que existe entre la microbiota y las hormonas puede sonar, *a priori*, un tanto extraño. ¿Qué tiene que ver nuestro intestino con nuestra salud hormonal o con nuestro ciclo menstrual? ¿Has observado si tu regularidad para ir al baño cambia a lo largo del ciclo menstrual o en el embarazo?

Existe más relación de lo que solemos pensar y es que, en el cuerpo, todo está relacionado. La microbiota tiene unos genes propios que denominamos microbioma. El conjunto de los genes bacterianos del microbioma que están relacionados con el metabolismo de los estrógenos se denomina estroboloma.

Nuestro estroboloma tiene relación con la salud de nuestro ciclo menstrual y con la fertilidad.

En los ovarios se encuentran las principales fábricas de estrógenos. Los estrógenos, una vez que hayan realizado sus funciones en los diferentes tejidos del organismo, son transportados y metabolizados en el hígado —para ello el hígado necesita un buen suministro de nutrientes como las vitaminas B, el zinc, el selenio, el magnesio y las proteínas—. A continuación pasan al intestino por medio de la bilis, donde se van a encontrar con enzimas producidas por las bacterias intestinales, como las beta-glucosidasas, beta-glucuronidasas y sulfatasas, que pueden volver a activar estos estrógenos y hacer que se reabsorban o no, en mayor o menor cantidad, a la circulación sanguínea, en vez de ser eliminados a través de las heces y de la orina. En el intestino, por tanto, es donde se toma la última decisión de lo que se queda con nosotros y lo que es mejor expulsar. Por eso es tan importante tener un intestino sano para que las bacterias intestinales no produzcan, por ejemplo, más beta-glucuronidasa de la cuenta, que provocaría una reactivación estrogénica excesiva en el intestino y, por tanto, un trastorno en el metabolismo de los estrógenos.

Este tipo de trastornos suele comenzar con una menor diversidad de la microbiota intestinal, lo que se conoce como disbiosis intestinal, que produce un mal funcionamiento del intestino. Como he explicado en otros apartados del libro, la microbiota depende no solo de la alimentación, sino también de factores ambientales, estilo de vida, uso excesivo de antibióticos, etc.

Si la microbiota tiene un exceso de las bacterias que se encargan de la reabsorción de estrógenos, también se producirá la reabsorción de tóxicos como los disruptores endocrinos, que se comportan como hormonas en nuestro cuerpo y actuarán sobre los receptores de estrógenos. Los xenoestrógenos o disruptores endocrinos son sustancias químicas que pueden imitar las funciones de los estrógenos, puesto que tienen una estructura muy similar y utilizan la misma vía de eliminación. No son biodegradables, por lo que se almacenan en las células de la grasa. Nos referimos al tabaco, el alcohol, los bisfenoles presentes en los plásticos, los pesticidas, herbicidas...

La reabsorción de estrógenos no es mala y, además, es necesaria, sobre todo, es importante la reserva estrogénica en ciertas etapas de la vida, como la menopausia, pero siempre y cuando nuestra microbiota se encuentre en equilibrio, si no, dará lugar a una alteración o bien por exceso o bien por defecto de estrógenos.

En algunos test de microbiota intestinal podemos ver cómo tenemos estas enzimas (en pacientes con disbiosis intestinal estas enzimas pueden estar elevadas o disminuidas). Si la microbiota está sana y equilibrada, tendrá buena capacidad para eliminar los tóxicos ambientales y los estrógenos necesarios, si no, nos encontraremos con problemas de exceso o déficit de estrógenos y tóxicos. Si hay una reabsorción excesiva de estrógenos, en teoría habrá mayor cantidad de estrógenos circulantes y, por tanto, un mayor riesgo de sufrir enfermedades hormonodependientes, como cáncer de mama, endometriosis...

EXCESO O DÉFICIT DE ESTRÓGENOS

Los síntomas derivados de un exceso de estrógenos y de enzimas beta-glucuronidasas, beta-glucosidasas son los siguientes:
- síndrome premenstrual (retención de líquidos, dolores de cabeza o migrañas, ansiedad por el dulce, cansancio, depresión, irritabilidad, sensibilidad en las mamas, dolor de ovarios, dolor lumbar...)
- dolor durante las reglas
- retención de líquidos

- sangrados muy abundantes con coágulos y muy largos
- regla irregular
- mamas fibroquísticas
- exceso de flujo vaginal
- dificultad para perder peso
- ansiedad o depresión
- contracturas o calambres
- colon irritable
- enfermedades autoinmunes como tiroiditis de hashimoto, enfermedad de Crohn

Estos son los principales síntomas derivados de un déficit de estrógenos:
- depresión
- ansiedad
- osteoporosis
- mayor riesgo de sufrir enfermedad cardiovascular
- sequedad en la piel y las mucosas: ocular, vaginal...
- infertilidad
- obesidad visceral

¿POR QUÉ COMES DULCES LOS DÍAS PREVIOS A LA REGLA?

Es sabido que las hormonas influyen en nuestro sistema digestivo y en nuestro estado de ánimo, y vamos a ver cómo modularlo, porque el equilibrio hormonal es sensible a ciertos elementos como el descanso, el estrés, la alimentación, la salud intestinal y el ejercicio físico.

Después de la menstruación, en la fase folicular, comienzan a aumentar los estrógenos, aumenta la serotonina y la dopamina, nos encontramos más enérgicas y con mejor estado de ánimo y sensación de bienestar, además, mejora la sensibilidad a la insulina, por lo que aumentar ligeramente los hidratos de carbono en esta fase es una buena estrategia, ya que tu cuerpo los utilizará para construir músculo y te irán bien los entrenamientos de alta

intensidad. Esta fase dura aproximadamente 14 días desde la última menstruación, hasta que llega la ovulación.

La ovulación es el punto del ciclo en que aumentan la hormona luteinizante y los estrógenos. Comienza a aumentar el apetito y a disminuir la sensibilidad a la insulina, por lo que, en esta fase, habría que valorar una disminución del consumo de hidratos de carbono (sobre todo eliminar harinas refinadas y zumos o azúcares) y aportar más grasas buenas (aguacate, pescado azul, aceite de oliva o de coco, frutos secos, huevo, yogur entero natural, chocolate >85 %) y proteínas (legumbres, arroz integral, quinoa, carne, pescado o huevo). Otro truco para la mejora de la sensibilidad a la insulina es dormir entre 6 y 7 horas al día, es tan importante como llevar a cabo una buena

alimentación y, por supuesto, el ejercicio físico y el control del estrés. Es una buena idea empezar en esta fase con el ejercicio de fuerza.

En la fase premenstrual o fase lútea, el nivel de estrógenos y progesterona aumentan (la progesterona calma el sistema nervioso y mejora el estado de ánimo) y al final de esta fase empiezan a descender de nuevo, justo los días previos a la menstruación, por lo que los niveles de serotonina también descenderán y esto puede provocar un bajo estado de ánimo, mal humor, irritabilidad, sensibilidad y necesidad de comer dulce (antojos), porque el dulce eleva los niveles de serotonina de forma compensatoria y ayuda a segregar otra serie de endorfinas que contribuyen a la sensación de bienestar.

Si encima ya de por sí tienes las hormonas un poco desequilibradas, esta bajada puedes notarla con más intensidad. En este periodo, te vendrá bien aumentar el ejercicio cardiovascular y combinarlo con el ejercicio de fuerza. El chocolate negro >85 % te ayudará a incrementar la dopamina y aliviar esta sensación de ligera depresión que puedes sufrir (véase «alimentos que estimulan la dopamina» en pág. 56).

Después, llega la menstruación. Es justo al final de la fase premenstrual cuando más se reducen los niveles de estrógenos y progesterona, y, en esta fase, vuelven a subir poco a poco, por lo que es normal experimentar, al principio del periodo, más hinchazón, mayor sensibilidad al dolor, tristeza, cansancio, ansiedad, irritabilidad y más síntomas gastrointestinales, que irán mejorando a lo largo de los días. Además, las heces suelen ser pastosas por la retención de líquidos que se produce durante la menstruación. En este periodo, puedes hacer ejercicio con una menor intensidad, según el tipo de molestias que puedas experimentar.

Otra cosa que suele preocupar a muchas mujeres es la variación que se produce en el peso a lo largo del ciclo menstrual; es cierto que, cuando bajan los estrógenos, solemos tender a la retención de líquidos, de modo que algunas mujeres pueden llegar a incrementar su peso en esos días entre 1 y 2 kg de un día para otro y después se deshinchan según van pasando los días del periodo menstrual, en el momento en que comienza la subida de estrógenos. Conviene saber que esta circunstancia es pasajera y que es fruto del importante cambio hormonal que experimenta nuestro cuerpo durante estos días.

☀ SOLUCIONES

Consejos para el ciclo menstrual:
- beber suficiente agua o infusiones (suelo recomendar infusión de jengibre, ayuda a eliminar líquidos)
- tomar verduras y frutas frescas
- reducir la ingesta de sal (nada de embutidos)
- eliminar el azúcar y las harinas refinadas (galletas, etc.)
- no pesarse durante estos días
- hacer ejercicio

Cuando la secreción de las hormonas y su eliminación están en equilibrio, es decir, unos niveles normales de estrógenos y progesterona ni muy aumentados ni muy reducidos, no se suelen experimentar tantos desequilibrios emocionales y corporales durante el ciclo; de hecho, hay muchas mujeres que casi ni se dan cuenta de estos cambios.

Afortunadamente, hoy sabemos que podemos mejorar el metabolismo de los estrógenos a través de nuestro intestino, mejorando la calidad de vida de quienes están viviendo ahí dentro, nuestros microbios.

El factor ambiental: menos limpios, más sanos

La limpieza obsesiva puede estar causando un mayor desarrollo de trastornos autoinmunes, alergias, asma y enfermedades inflamatorias intestinales por la falta de exposición a microbios (buenos y malos), que impide un desarrollo correcto de nuestro sistema inmunitario.

Hace ya ciento cincuenta años, el químico francés Louis Pasteur revolucionó la práctica de la medicina moderna con su *teoría de los gérmenes*, en la que aseguraba que los responsables de que caigamos enfermos eran todos los gérmenes y microbios invisibles al ojo humano. A partir de ese momento, los microorganismos buenos y malos se empezaron a ver como algo perjudicial y susceptible de erradicar.

En los años ochenta del siglo pasado David Strachan, epidemiólogo de la revista *British Medical Journal*, planteó que el incremento de la fiebre del heno y la alergia cutánea en el mundo industrializado podría ser fruto de una exposición menor a los agentes infecciosos. Se basó en la hipótesis de que las alergias eran menos frecuentes en niños que pertenecían a familias numerosas y, por tanto, estaban más expuestos a enfermedades en el hogar, por lo que su sistema inmunitario se hallaba ocupado en combatir infecciones y no en reaccionar a problemas de alergias.

También existen estudios que demuestran que los países desarrollados, con más higiene y más limpios, tienen más incidencia de asma, eccemas y rinoconjuntivitis que los países subdesarrollados. Al parecer, con la creciente higienización del ambiente y de los alimentos, hemos perdido gran parte de las exposiciones a los microbios, necesarias para mantener «ocupado» nuestro sistema inmunitario combatiendo infecciones. En otras palabras, en un pasado con menos higiene el sistema inmunitario trabajaba todo el día para evitar las infecciones y no le quedaba capacidad para reaccionar de manera exagerada ante el polen o el gluten, y causar problemas de alergias como en la actualidad.

La desinfección de los ambientes, el saneamiento y la erradicación de microbios mediante antibióticos y químicos antibacterianos han sido muy eficaces a la hora de reducir la incidencia de enfermedades infecciosas de nuestra sociedad, lo que pasa es que esto ha provocado daños colaterales, porque no solo hemos sido capaces de deshacernos de los malos, sino también de los buenos, y ahora nos estamos empezando a dar cuenta de cuán importantes son las bacterias que nos rodean.

Otro factor importante es que vivir en grandes ciudades con un estilo de vida moderno nos está alejando cada vez más de los microbios que encontrábamos en la tierra cuando se cultivaba y se recolectaba.

Cada vez son más los estudios que evidencian que la exposición a microbios ambientales como los presentes en la tierra (sin productos químicos) puede ayudar a protegernos de enfermedades autoinmunes, ya que la diversidad bacteriana de una típica muestra de suelo es tres veces mayor que la de nuestro intestino. Las tecnologías han hecho que perdamos el contacto con las rutinas básicas: estar en contacto con la tierra, los animales, la luz del sol y respirar a diario el aire del campo con sus microbios.

Es verdad que la tierra de hoy suele estar cargada de pesticidas y fertilizantes cuya ingestión puede contrarrestar los efectos beneficiosos, pero, si vamos a un campo donde abundan las malas hierbas, seguro que estas no llevan ningún tipo de tratamiento químico y es una buena manera de cargarnos de microorganismos buenos. Otra forma simple es tener una o varias plantas en casa y practicar la jardinería doméstica para estar en contacto con una tierra sana y llena de bacterias.

Es completamente normal que queramos vivir en una casa limpia e higiénica, con personas limpias a nuestro alrededor, pero quizá ninguno de los dos extremos sea la mejor solución. La obsesión por la desinfección ha debilitado más que nunca nuestro sistema inmunitario. También el hecho de recetar más antibióticos de lo necesario ha contribuido a uno de los mayores desafíos a los que hoy nos enfrentamos, la resistencia a los antibióticos.

La limpieza estricta es necesaria en un entorno hospitalario, pero quizá usar jabones antibacterianos en el hogar sea una mala práctica para preservar nuestras bacterias amigas. Algo que también se ha generalizado es lavar los platos en el lavavajillas en vez de hacerlo a mano, porque la temperatura es mucho mayor y, por tanto, esteriliza, pero olvidamos que solo el hecho de lavar los platos a mano nos expone a partículas diminutas de bacterias necesarias. Otra práctica innecesaria es comprar verduras envasadas y lavadas con cloro para desinfectarlas y mantenerlas frescas durante más tiempo y «listas para comer», cuando lo ideal es que la verdura se lave solo con agua. Así podemos rescatar microbios beneficiosos de la tierra que traen las frutas y las verduras, siempre y cuando esa fruta o verdura no haya sido ya expuesta a ningún tratamiento químico, porque en ese caso no habría tierra que limpiar.

Un último apunte: en los hogares donde hay un perro disminuye el riesgo de que nuestro sistema inmunitario sea menos eficiente, ya que estamos más expuesto a los microbios del entorno y por consiguiente se produce una menor pérdida de microbios internos.

CAPÍTULO 3

El eje intestino-cerebro

Los microbios y las células nerviosas que habitan en el intestino se comunican entre ellas y con el cerebro de forma bidireccional mediante lo que se conoce como eje intestino-cerebro. De esta manera, se mantienen continuamente informados sobre cómo van las cosas en ambos extremos.

El sistema nervioso entérico (la parte del sistema nervioso encargada de controlar el aparato digestivo) se conoce como el «segundo cerebro», porque es capaz de actuar como una entidad independiente del sistema nervioso central, aunque se encuentra en comunicación constante con este a través de los sistemas simpático y parasimpático del sistema nervioso autónomo. Y es que la red de neuronas del intestino es muy extensa y compleja.

El nervio vago es la principal vía que conecta los 100 millones de neuronas del sistema nervioso entérico con la base del cerebro en la médula espinal. Aquí existe un tráfico constante de sustancias químicas y hormonas que proporcionan información sobre si tenemos hambre o no, si estamos estresados, si hemos ingerido algún microbio que cause enfermedades, etcétera.

Serotonina y dopamina

La serotonina funciona como neurotransmisor en el cerebro y en el sistema nervioso entérico. Aproximadamente el 90 % de la serotonina del cuerpo se produce en las células enterocromafines de la mucosa intestinal y las neuronas del sistema nervioso entérico, y el 50 % de la dopamina, otra neurohormona que se libera desde las células neuroendocrinas del intestino; las dos actúan, directa o indirectamente, en la modulación del comportamiento. De ahí que sea relevante la salud intestinal en relación con la ansiedad, la depresión, el estado de ánimo y otras disfunciones conductuales.

La serotonina regula los niveles corporales de felicidad. Funciona como neurotransmisor ligado a la sensación de tranquilidad, calma, bienestar y relajación. Ayuda a aliviar los estados depresivos, la ansiedad, regula los ciclos sueño-vigilia, la manifestación de náuseas, el apetito y la saciedad, la agresividad, la temperatura corporal y la actividad sexual. Los niveles de serotonina afectan al peristaltismo intestinal, es muy típico el déficit de serotonina en personas con estreñimiento, incluso a veces diarreas, náuseas, síntomas muy ligados a las emociones. El tratamiento con moduladores de la neurotransmisión serotoninérgica, como algunos antidepresivos, se utilizan como tratamiento de trastornos gastrointestinales como el síndrome de colon irritable.

La microbiota favorece, además, el metabolismo de la dopamina, el neurotransmisor asociado a la alegría, el aprendizaje y la recompensa. Por todo lo expuesto, cuidar nuestra salud intestinal es sinónimo de cuidar la salud emocional.

Recordemos:

Los beneficios de la dopamina
- **dopamina** = euforia, placer, esa sensación de cuando celebramos logros o nos enamoramos
- **déficit de dopamina** = falta de motivación o ilusión y energía, llorar o emocionarse con facilidad, ansiedad por el dulce
- **alimentos que estimulan la dopamina:**

> - frutos secos como nueces y almendras
> - semillas de sésamo, girasol y calabaza
> - remolacha
> - plátano, manzana
> - chocolate negro >85 %
> - té verde
> - también el ejercicio físico y la música

Los beneficios de la serotonina
- **serotonina** = tranquilidad y buen humor, dormir bien, buen nivel de autoestima. Tomar el sol hace que liberemos serotonina.
- Cuando las hormonas sexuales (estrógenos) están altas, la serotonina suele estar más alta, por eso suele haber relación entre la menopausia (menor cantidad de estrógenos) y la depresión.
- **déficit de serotonina** = impulsividad, irritabilidad, estreñimiento, dificultad para conciliar el sueño, ansiedad por el dulce
- **alimentos que estimulan la serotonina:**

> - legumbres
> - kéfir
> - frutos rojos
> - pavo
> - nueces
> - avena
> - semillas de sésamo y chía
> - aguacate

¿Hambre por la mañana o por la tarde?

Por la tarde nos relajamos, disminuye el estrés y el cuerpo comienza a pedir más energía; además, disminuyen nuestros niveles de serotonina y esto provoca que nuestro comportamiento sea más compulsivo, comamos cosas que estimulen la dopamina, esa sensación de recompensa, y tengamos más tendencia a recompensarnos con cosas como el chocolate o las patatas fritas.

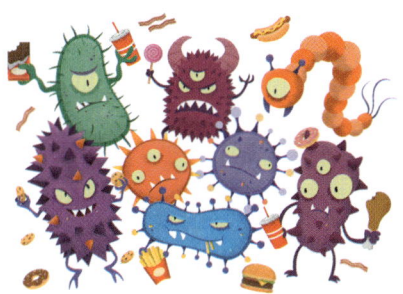

La microbiota interviene también en la liberación de GABA (ácido gamma-aminobutírico), que es un neurotransmisor fundamental en la modulación del comportamiento. Hay estudios que han demostrado que la administración de bacterias beneficiosas probióticas puede modular el sistema de regulación del GABA y ayudar en el tratamiento de la depresión y el control de la ansiedad.

No solo la microbiota afecta a las funciones cognitivas como el estado de ánimo y la memoria, sino que el cerebro también decide qué microbios vivirán en el intestino. Controla la velocidad a la que circulan los alimentos y la cantidad de mucosidad que recubre el intestino, esto es importante para saber cuáles de sus habitantes proliferarán y cuáles podrían extinguirse si esta mucosa se vuelve finita y escasa, porque no podrán alimentarse y crecer.

¿Pensamos con las tripas?

Ante una situación de estrés, se altera el movimiento gastrointestinal, se ralentiza o se detiene la digestión para que el cuerpo pueda hacer frente a una amenaza.

Los microbios que estaban más adaptados al nuevo tránsito intestinal, más lento, son los que van a proliferar, y los que dependían más de las condiciones anteriores se harán menos abundantes, o sea que se producirá un cambio de microbiota, por lo que es normal que cosas que antes nos sentaban bien ahora empiecen a darnos problemas digestivos, que sintamos hinchazón, gases, heces blandas...

Ahora sabemos que no es casualidad que nos duela el estómago, que tengamos diarrea o estreñimiento cuando estamos estresados o sintamos que tenemos mal humor sin razón aparente cuando sufrimos cualquier problema intestinal, y es que parece como si pensásemos con las tripas.

Todas esas sensaciones que experimentamos como las «mariposas en el estómago» cuando nos emocionamos o «el estómago encogido» cuando nos sentimos frustrados, angustiados o tristes no se producen porque sí; tampoco es casualidad que alguien hable de «cagarse de miedo». ¿A quién no le ha pasado alguna vez que, cuando tiene una reunión, un evento importante o tiene miedo, siente muchas ganas de ir al baño? Hablamos también de «digerir las derrotas», por ejemplo. Todas estas relaciones entre el intestino y el cerebro no se quedan en una simple metáfora; al final, a través de esta conexión, las emociones acaban afectando al sistema digestivo de manera bidireccional.

Pero no solo el cerebro decidirá qué microbios viven en el intestino, sino que tam-

bién hay señales que van en sentido contrario; como hemos dicho, este eje funciona de manera bidireccional. Entonces, esa voz que viene de dentro y nos pide que comamos algo, ¿viene de nuestra mente o de esos microbios que habitan en nuestras tripas? Existen evidencias científicas que demuestran que nuestras bacterias son capaces de modificar nuestra conducta y alterar nuestro comportamiento.

Todos los microbios crecen, aprenden y se adaptan. Una de las cosas en las que pueden ejercer control es en la comida que nos apetece comer. Las bacterias quieren sobrevivir y, para ello, no se contentan con el alimento que les llega, sino que van a pedir que consumamos el que más las nutre a ellas. Algunas bacterias se alimentan de azúcar, otras de grasa. A través del nervio vago, pueden manipular cómo nos sentimos y lo que nos apetece comer, cambiándonos los receptores del sabor y haciendo que nos encontremos mal y que nos recompensemos con sustancias que nos hagan sentir bien, todo por su propia supervivencia.

Ahora entenderás por qué, cuando has tenido sobrecrecimiento bacteriano, parásitos, cándida intestinal o cualquier microbio oportunista en el intestino, has sentido más ansiedad por la comida.

La alteración de las funciones cognitivas

Hay estudios epidemiológicos que demuestran un deterioro de la función cognitiva en individuos que consumen dietas altas en grasas saturadas de origen animal, mientras que un consumo de ácidos grasos poliinsaturados, como los omega-3, tienen efectos beneficiosos sobre la cognición. Y es que el 20 % del cerebro son ácidos grasos poliinsaturados, como 1 de cada 3 ácidos grasos en el sistema nervioso central.

Cada vez hay más evidencias que sugieren que la microbiota se ve afectada en aquellas personas que padecen enfermedades neuropsiquiátricas como el autismo, la ansiedad y la depresión. En estos casos, la dieta puede ser de gran ayuda para mejorar la composición de la microbiota intestinal y, por tanto, el comportamiento.

El aumento de la permeabilidad intestinal y las alteraciones de la microbiota podrían ser una de las causas de un deterioro inmunológico y asociarse a trastornos psiquiátricos.

El eje intestino-cerebro modula las funciones cerebrales, como el comportamiento emocional y la capacidad de respuesta al estrés.

CAPÍTULO 4

Los trastornos digestivos

Hay trastornos digestivos muy comunes que causan alteraciones ocasionales que nos dificultan el día a día, porque aparecen de forma variable y recurrente. Los síntomas más comunes suelen ser digestiones lentas y difíciles, reflujo y acidez, espasmos intestinales, estreñimiento, distensión o hinchazón abdominal, gases e incluso náuseas. Hasta un 40 % de la población sufre habitualmente alguno o varios de estos síntomas digestivos.

En este capítulo, vamos a hablar de los trastornos digestivos más comunes, como el síndrome del intestino irritable, las intolerancias a la fructosa, el sorbitol y la lactosa, así como el sobrecrecimiento bacteriano.

Desequilibrio de la microbiota intestinal

Algunas de las bacterias que tenemos en el intestino son protectoras y otras pueden ser potencialmente dañinas para nosotros. En personas sanas, hay un equilibrio perfecto entre el huésped y la microbiota intestinal, asegurando así que el tracto gastrointestinal funcione correctamente y evitando el sobrecrecimiento de bacterias malas. Las bacterias reciben alimento en el ámbito intestinal y, a cambio, el huésped resulta beneficiado, como he contado anteriormente.

Sin embargo, a veces se producen cambios que alteran este equilibrio entre las bacterias beneficiosas y las potencialmente malas o patógenas, lo que los especialistas llamamos «disbiosis intestinal». Cuando se produce tal desequilibrio el intestino se hace vulnerable pero puede afectar, además, a todo el organismo en forma de alteraciones metabólicas, inmunológicas, etcétera.

La disbiosis intestinal se puede dividir en 3 tipos:

- pérdida de microorganismos beneficiosos
- excesivo crecimiento de microorganismos potencialmente perjudiciales
- pérdida de diversidad microbiana

Estos 3 tipos se pueden dar todos a la vez, es lo más común, o por separado.

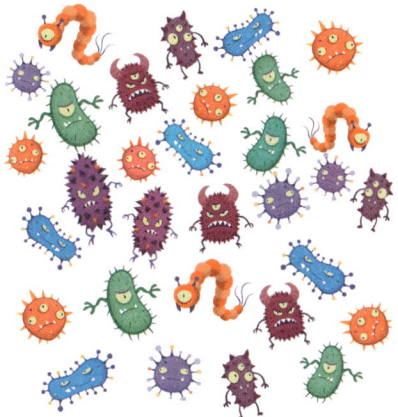

Los síntomas pueden ser estos:
- dolor abdominal
- hinchazón
- estreñimiento
- diarrea
- flatulencias
- acidez
- reflujo
- intolerancias (malabsorción)
- dificultad para perder peso
- mucosidad en las heces
- fatiga
- otros síntomas no digestivos

🔍 CAUSAS

- toma excesiva de antibióticos y antiinflamatorios no esteroideos
- consumo excesivo de antiácidos e inhibidores de la bomba de protones
- estrés
- depresión
- mala alimentación, exceso de azúcares y grasas de mala calidad
- alcohol
- genética
- exposición a tóxicos
- píldoras anticonceptivas

Las enfermedades que puede provocar la disbiosis intestinal:

· **obesidad**
· **enfermedad inflamatoria intestinal**
· **alergias**
· **diabetes**
· **autismo**
· **cáncer de colon**
· **enfermedades autoinmunes** se ha establecido el posible papel de la microbiota intestinal en enfermedades autoinmunes no intestinales como la esclerosis múltiple, la diabetes de tipo I, el lupus, la psoriasis, la enfermedad de Graves o la tiroiditis de Hashimoto, entre otras; en todas parecía haber un nexo común, la falta de diversidad bacteriana, la disbiosis o la permeabilidad intestinal).

Cuando hay disbiosis, se inflama el intestino, no se absorben adecuadamente los nutrientes y aparece fatiga, hinchazón abdominal, intolerancias, además de otros síntomas no digestivos.

Es cierto que nuestra microbiota tiene una gran capacidad de adaptación o resiliencia, es decir, que es capaz de recuperar su estado inicial frente a una situación adversa. Pero esta capacidad está determinada por la composición y la estabilidad de la microbiota; a veces, la alteración es tan fuerte que se producen cambios en la composición y se llega a la disbiosis; por ejemplo, puede pasar tras una toma de antibióticos, un fuerte periodo de estrés o como consecuencia de una mala alimentación por un tiempo prolongado.

En el cuerpo, todo está conectado y lo que sucede en el microbioma tiene su efecto en el resto de los órganos. Por eso son cada vez más los estudios que muestran una relación entre el desequilibrio del microbioma y enfermedades como la diabetes, la hipertensión, la artritis, etc.

Síndrome de intestino irritable

Es uno de los trastornos funcionales más frecuentes en la consulta médica. Se caracteriza por la presencia de dolor abdominal recurrente asociado a alteraciones del hábito intestinal, ya sea estreñimiento, diarrea o ambas. Todas las pruebas diagnósticas realizadas a este tipo de pacientes suelen resultar normales y no pueden ser explicadas por otra enfermedad, con lo que podría decirse que se hace un diagnóstico por descarte.

> El síndrome del intestino irritable se caracteriza por:
> - dolor o molestias abdominales
> - alteración en la frecuencia o

> consistencia de las deposiciones (que van de la diarrea al estreñimiento), acompañada a menudo de hinchazón, gases y distensión abdominal

> Se diagnostica según los criterios de Roma IV, que indican que el dolor abdominal debe estar presente al menos 1 día a la semana, con dos o más de los siguientes signos:
> - dolor asociado a la evacuación
> - cambio en la frecuencia de las deposiciones
> - cambio en la consistencia de las heces

Los criterios deben cumplirse durante los últimos 3 meses y los síntomas deben haber comenzado un mínimo de 6 meses antes del diagnóstico.

> Hay otras características que pueden apoyar el diagnóstico de síndrome del intestino irritable como:
> - la ansiedad, la depresión y la somatización de las emociones

- molestias por largos periodos de tiempo
- coexistencia de otros trastornos funcionales extradigestivos como la fibromialgia o el síndrome de fatiga crónica
- personas mayores de 50 años
- tener un patrón de deposiciones muy variable

La dieta, junto con el estrés y el ciclo menstrual, son los principales factores que predisponen al síndrome del intestino irritable. También, las alergias y las hipersensibilidades a alimentos pueden aumentar o agravar los síntomas por la activación inmunitaria.

Estudios recientes demuestran que el consumo de fibra como estrategia de prevención del síndrome del intestino irritable apenas tiene éxito en un 10 % de los casos, mientras que una dieta baja en FODMAP puede tener un porcentaje de éxito del 75 %, es decir, 3 de cada 4 personas reconocen mejorías con este tipo de dieta

La disbiosis o alteración de la composición de la microbiota intestinal en pacientes con síndrome del intestino irritable también puede desempeñar un papel importante.

Algunas personas pueden sufrir hinchazón y gases por mala digestión de los hidratos de carbono fermentables (FODMAP) por parte de las bacterias del colon, con distensión abdominal. En estos pacientes, se ha observado una disminución de *Lactobacillus* y *Bifidobacterium*, ambos con efectos antiinflamatorios, con lo que su disminución puede contribuir a una inflamación de bajo grado. El aumento de bacterias productoras de metano también se ha asociado al síndrome del intestino irritable con tendencia al estreñimiento o tránsito lento.

En mi opinión, el síndrome del intestino irritable se diagnostica en exceso. Vemos mucha gente en consulta con este diagnóstico que al final resulta ser otro tipo de trastorno digestivo como un sobrecrecimiento bacteriano, un parásito, *Helicobacter*, alguna intolerancia a los lácteos, fructosa o sorbitol, sensibilidad al gluten no celiaca, etcétera. Es decir, quizá no se ahonda lo suficiente en algunos casos para conseguir un diagnóstico más claro.

Lo que más preocupa es que todas estas personas mal diagnosticadas de síndrome del intestino irritable están resignadas a aprender a vivir con sus síntomas y las molestias durante meses e incluso años. Sin embargo, cuando profundizamos un poco más, descubrimos otras causas y somos capaces de devolverles el bienestar digestivo y mental en poco tiempo.

Estreñimiento

El estreñimiento es un síntoma caracterizado por una disminución del número de deposiciones o la necesidad de esfuerzo o dificultad excesiva para expulsar heces.

Se considera que una persona sufre estreñimiento cuando sufre dos o más de los siguientes síntomas:
- esfuerzo excesivo para evacuar en ≥25 % de las evacuaciones
- heces duras o caprinas en ≥25 % de las evacuaciones
- sensación de evacuación incompleta en ≥25 % de las evacuaciones
- sensación de obstrucción/bloqueo en querer defecar durante ≥25 % de las evacuaciones
- maniobras manuales para facilitar las evacuaciones (p. ej., evacuación digital, soporte periné, etc.) en ≥25 % de las evacuaciones
- menos de 3 evacuaciones por semana
- evacuaciones sueltas raramente presentes sin el uso de laxantes

Se requiere la presencia de 2 o más síntomas, durante al menos 3 meses, con un inicio de 6 meses antes del diagnóstico.

A veces, no le damos suficiente importancia al hecho de ir al baño, pero es una forma de desechar los residuos que llegan al colon, si no los expulsamos con regularidad, se quedarán estancados. Imagínate un pantano donde hay agua estancada, las bacterias tienen allí muchas más posibilidades de desarrollarse, porque no hay movimiento; en el intestino, pasa algo parecido, tenemos más posibilidades de almacenar y proveer de alimento continuamente a los microorganismos si tenemos los desechos dentro durante unos días, y más porque no dejamos de comer y de generar nuevos residuos, con lo que estaríamos alimentando a nuestras bacterias malas.

La mayoría de las personas sufre estreñimiento ocasional debido a:
- situaciones de estrés
- cambio de rutinas o de horarios, viajes
- embarazo
- menopausia
- época más sedentaria
- beber poca agua

Otras causas muy comunes son:
- colon irritable
- sobrecrecimiento bacteriano
- dietas bajas en fibras como la fructosa, los fructanos o sorbitol por intolerancias o dieta baja en FODMAP (por eso, esta dieta se realiza durante un tiempo, lo más corto posible, hasta que el paciente comience a notar mejoría)

Aunque pueden existir muchas causas, algunas evitables y otras, como las intolerancias, no evitables, las más comunes son la poca ingesta de fibra y de grasas buenas, y la ingesta de líquidos en cantidad inadecuada, además de una vida sedentaria.

La fibra que ingerimos se puede diferenciar en 3 tipos:

Fibra soluble en agua, que ralentiza el tránsito intestinal y da saciedad: Son fructanos, lignanos, psyllium, pectina, betaglucanos, inulina y arabinoxilanos, presentes en alimentos como ajo, cebolla, avena, centeno, manzana asada, uvas, ciruelas, zanahoria, calabaza, plátano, alcachofa, remolacha y otros.

Fibra insoluble en agua: Son ceras, celulosa, lignina, dextrina, etc. Este tipo de fibra se utiliza para prevenir el estreñimiento porque retiene el agua, da volumen a las heces y acelera la digestión. Se encuentra presente en alimentos como los cereales integrales, las semillas y las hortalizas.

Almidón resistente: Se llama así por ser resistente a la digestión y actuar como una fibra soluble. Se encuentra en todos los productos con almidón que se cocinan y enfrían posteriormente en la nevera una noche entera; de esta manera el almidón se cristaliza y forma un almidón indigerible con efecto prebiótico. No es necesario comer estos alimentos en frío; se puede recalentar al día siguiente, aunque no a muy alta temperatura.

Con el cambio químico que sufre el almidón al enfriarlo y después recalentarlo, tomar hidratos de carbono recalentados como la pasta nos engordará menos, porque este almidón pasará por el intestino delgado sin absorberse en forma de glucosa, hasta que llega al intestino grueso donde alimentará a nuestras bacterias buenas. Estos alimentos con almidón resistente reducen la absorción de hidratos de carbono, porque no están disponibles para nosotros, sino para nuestras bacterias. Por tanto, reducen los niveles de glucosa después de las comidas, y tomados de esta forma, aumentan la saciedad y nos ayudan a quemar más grasa, al controlar la glucosa en la sangre.

Beneficios del consumo de almidón resistente

Salud de la microbiota (Fuente de energía
y mejora de la composición de la barrera intestinal)

Mayor saciedad

Mejora de la composición corporal

Mejora de la sensibilidad a la insulina

Menor contenido de hidratos de carbono
y lípidos disponibles para su absorción

Este proceso es especialmente interesante para las personas con resistencia a la insulina y los diabéticos, aunque, como todo, no es una técnica milagrosa ni la única capaz de aportar beneficios para tu salud. Esto no significa que ahora tienes vía libre para tomar hidratos de carbono, sino que, si lo haces de esta manera, serán más sanos aún. Te recomiendo que sigas comiendo la misma cantidad de hidratos de carbono que tomabas hasta ahora, pero te propongas incorporar esta nueva técnica para aumentar la salud de tus bacterias.

Es muy común padecer estreñimiento cuando alguien empieza una dieta de adelgazamiento, porque siempre se suelen restringir las grasas. En mi opinión, esto es un error porque, además de otros muchos beneficios, las grasas son un lubricante intestinal fundamental.

Las grasas buenas que ayudan a luchar contra el estreñimiento:

- pescado graso o azul como las sardinas, las anchoas, los boquerones...
- aguacate
- frutos secos
- aceite de oliva/coco
- huevos
- Y la fibra procedente de legumbres, cereales integrales, verduras y frutas

·ᗩ· SOLUCIONES

Un aporte de fibra a primera hora de la mañana te puede ayudar, como tomar gachas de avena por la mañana:

- poner unos 150 ml de bebida vegetal en un cacito en la vitrocerámica, añadir 4-5 cucharadas de copos de avena (con o sin gluten) e ir removiendo con una chuchara de madera hasta que espese totalmente. Puedes añadirle canela.
- Si lo haces la noche anterior y lo dejas toda la noche en la nevera, tendrás almidón resistente, fibra que alimenta a las bacterias buenas. Si tienes problemas de gases o hinchazón, mejor hazlo la misma mañana porque el almidón resistente es altamente fermentable.

Y un consejo importante: Las sociedades que defecan en cuclillas (como en muchas zonas de Asia) sufren muchas menos enfermedades digestivas, independientemente del consumo de fibra. Te recomiendo comprarte un taburete que te ayude a adoptar esta postura a la hora de defecar:

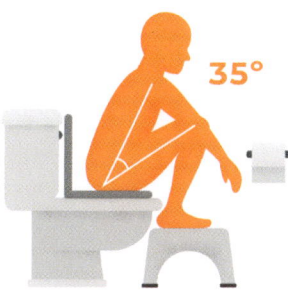

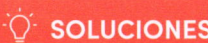

💡 SOLUCIONES

Recomendaciones para reducir el estreñimiento:

- Aumenta el consumo de grasas buenas, legumbres, fruta y verdura.
- No te obsesiones con la fibra procedente de cereales ni los productos enriquecidos que, por lo general, suelen tener muchos azúcares o aditivos innecesarios.
- Ten en cuenta que la postura más útil para defecar es «tipo sentadilla». Sentarse en el retrete e inclinarse hacia delante, con las rodillas más elevadas que las caderas y con los pies apoyados en el escalón para enderezar el ángulo anorrectal. Los taburetes son uno de los productos más vendidos en las plataformas web, cómpratelo y ve a gusto al baño.
- Bebe agua, caldos o infusiones durante el día, aproximadamente entre 1,5 y 2 litros de líquido al día. Te recomiendo comprarte una botellita de acero inoxidable y llevarla contigo a todas partes, eso es lo que hago yo.
- Haz ejercicio físico de forma regular.
- Evita el estrés, haz yoga o algo que te ayude a desconectar porque, como hemos visto hasta ahora, esto también afecta a la motilidad intestinal.
- No dejes pasar el momento del deseo de ir al baño.
- Establece un tiempo durante el día en el que puedas ir al baño de forma relajada y tranquila, dedicarle tiempo es importante porque si no, las toxinas se quedarán dentro de ti y te darán problemas más adelante.
- Date masajes abdominales siguiendo la forma del intestino de derecha a izquierda.

SOLUCIONES

Otros trucos contra el estreñimiento:
- Tomar un vasito de agua calentita o templada en ayunas, sin nada más. Favorece el movimiento intestinal.
- Plántago o cáscara de psyllium: es una opción de las más aconsejables en caso de personas que se hinchen al tomar fibra proveniente de frutas, verduras o legumbres. Siempre aconsejo empezar por poca cantidad e ir probando la tolerancia poco a poco.
- Tomar 1 cucharada de aceite de oliva o de coco en ayunas.
- Las semillas de chía o lino también pueden ser una buena opción, pero igualmente es importante empezar por poca cantidad para no notar mucha flatulencia e ir viendo la tolerancia. Suelo aconsejar poner 1 cucharada de semillas de chía o lino en 3 cucharadas de agua la noche anterior y dejarlo reposar en la nevera. Tomar al día siguiente en ayunas. No se recomienda en personas con divertículos.

Si llevas tiempo sin tomar fibra, es muy probable que hayas perdido parte de los microorganismos que la descomponen y, por tanto, te cueste tolerar la fibra de nuevo. Hay que ir poquito a poco.

Si llevas varios días sin poder ir al baño, no debes tomar ni el psyllium ni las semillas de chía o lino para que no te hagan más tapón, es mejor utilizar en ese caso un laxante osmótico como el carbonato de magnesio para poder liberar el recto, o un enema. Si tienes dudas, pregunta a tu médico.

Es importante destacar que la toma de laxantes, sobre todo durante largos periodos, puede irritar la mucosa intestinal y alterar la composición de la microbiota del intestino y, por tanto, reducir la diversidad y la cantidad de microorganismos buenos. Predisponen al sobrecrecimiento bacteriano.

Los laxantes, además, interfieren en la absorción de minerales como el hierro o el calcio y, si se están tomando medicamentos, se deben tomar alejados de los laxantes para que no interfiera tampoco en la absorción del medicamento.

Permeabilidad intestinal

La pared del intestino tiene función de filtro, permite el paso y la absorción de nutrientes y también bloquea el paso de las

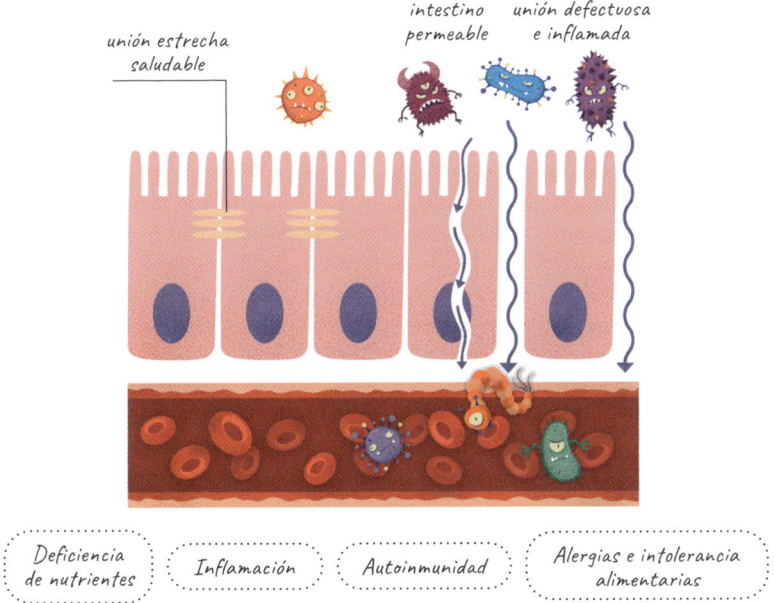

unión estrecha
saludable

intestino
permeable

unión defectuosa
e inflamada

Deficiencia
de nutrientes

Inflamación

Autoinmunidad

Alergias e intolerancia
alimentarias

sustancias dañinas. Actúa como barrera selectiva ante posibles patógenos. Nuestro intestino es semipermeable.

Una de las alteraciones que puede sufrir nuestra barrera se llama permeabilidad intestinal aumentada. Se produce una inflamación en las paredes intestinales y las uniones estrechas (las cremalleras que cierran los espacios entre las células intestinales para que no se cuele nada que no deba) aumentan, permitiendo el paso de sustancias que no deberían pasar a la sangre. Aquí es cuando

interviene el sistema inmunitario intentando defenderse de esos enemigos, provocando diferentes síntomas. Como falla esa función de filtro selectivo, podrán pasar con más facilidad microorganismos patógenos que, en un estado de salud de la barrera intestinal, no habrían pasado.

Para hacerlo fácil, imaginemos que hay una serie de «policías» delante de las puertas de nuestro intestino (serían las uniones estrechas) y todo el que quiera atravesar la puerta tendrá que enseñar su «identificación», para que los policías valoren si pueden pasar o no. Es decir, hacen una función de filtro constante. Pues bien, en caso de permeabilidad aumentada, todas las puertas estarán abiertas de par en par, por lo que pasará «todo el mundo» para dentro y el sistema inmunitario intentará defenderse de los enemigos.

Cuando esta permeabilidad se altera y además existe un desequilibrio de otros factores relacionados con la microbiota, pueden producirse enfermedades inflamatorias, autoinmunes, etcétera, como hemos visto en el apartado anterior.

> Síntomas y consecuencias:
> - problemas cutáneos, como eccema, urticaria, etc.
> - migrañas
> - infecciones urinarias y vaginales de repetición
> - síndrome de la fatiga crónica
> - problemas digestivos como distensión, diarrea, estreñimiento, colon irritable, colitis ulcerosa, enfermedad de Crohn
> - desarrollo de enfermedades autoinmunes como psoriasis, artritis reumatoide, tiroiditis de Hashimoto, diabetes de tipo 1, etc.

Se ha observado un aumento de la permeabilidad intestinal en pacientes con síndrome del intestino irritable, enfermedad celiaca, enfermedad inflamatoria intestinal, alergias alimentarias, etc.

Intolerancias

¿Cómo se diagnostican las intolerancias? Los gases que se producen en el intestino a través del proceso de fermentación se eliminan en forma de eructos y flatulencias, pero una parte atravesará la mucosa intestinal, pasará a la sangre y llegará a los pulmones, desde donde será expulsada a través del aire que espiramos, por lo que el diagnóstico de estas intolerancias se hace a través de los test de aire espirado.

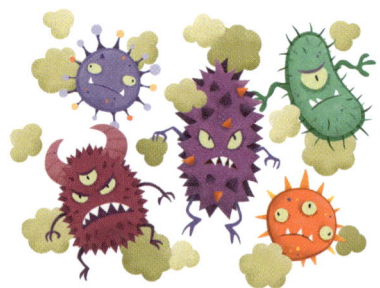

Por tanto, la mejor prueba para el diagnóstico es el test de hidrógeno y metano espirado. De momento, la biopsia intestinal y el estudio genético no tienen utilidad en el diagnóstico de esta mala absorción. Hay profesionales que prefieren evaluar la malabsorción conjunta de fructosa y sorbitol, en vez de hacerlo por separado. Esto es útil en pacientes con síndrome del intestino irritable, porque no suelen mostrar diferencias clínicas entre ambos grupos cuando se consumen por separado.

El test de aire espirado es una prueba que te puede pedir tu médico. La prueba consiste en tomar un sustrato (lactosa, fructosa, sorbitol, lactulosa o lactitol) y, en intervalos de 15 minutos, ir registrando los valores en aire espirado junto con la sintomatología, durante al menos 180 minutos. Es importante que te midan la prueba a dos gases, hidrógeno y metano, de lo contrario solo te habrás hecho el 50 % de la prueba y obtendrás la mitad de la información.

INTOLERANCIA A LA FRUCTOSA

La fructosa está presente en la fruta y en los vegetales, pero también se sintetiza a partir del maíz como sirope para usarla como edulcorante de productos dietéticos, como por ejemplo en mermeladas tipo Diet o las llamadas «aptas para diabéticos». Tiene un índice glucémico más bajo que el azúcar, por lo que, aparte de estar presente en frutas, verduras y hortalizas, también la encontramos en muchos productos procesados.

Existen otras sustancias que debemos tener en cuenta cuando se va a planificar un menú, porque nos podrían dar problemas cuando nos han diagnosticado una intolerancia a la fructosa, ya que el intestino grueso, por culpa de la inflamación, tiene una tolerancia mínima a las sustancias que fermentan en él como, por ejemplo, los fructanos, los polialcoholes, los fructooligosacáridos, los galactanos o el almidón resistente, entre otros.

- Los **fructanos** son cadenas largas de fructosa (fructooligosacáridos) que podemos encontrar en plantas, como trigo, centeno, avena, cebada, cebollas, puerros, espárragos, alcachofa, lechuga, girasol, y que consisten en varias fructosas unidas a un residuo común de glucosa.
- Los **polialcoholes** son hidratos de carbono hidrogenados, típicamente utilizados como edulcorantes en sustitución del azúcar de mesa, debido a que tienen un sabor dulce y son menos calóricos. Los más conocidos son el sorbitol, el xilitol, el maltitol, el manitol, etc. Todos los polialcoholes suelen tener la terminación «ol».

- Los **galactanos** se encuentran en legumbres, garbanzos, lentejas, soja, guisantes y, en menor cantidad, sandía, ciruela, plátanos, caquis.

El sorbitol es el más estudiado en las pruebas de intolerancia, lo podemos encontrar en muchas frutas y verduras, aparte de productos industriales en los que se utilizan los edulcorantes como en las galletas, bizcochos, refrescos, palitos de cangrejo, chicles, gelatinas sin azúcar, chocolate sin azúcar, productos cero y light.

La razón por la cual la malabsorción de la fructosa acompaña al sorbitol tiene que ver en que estas dos sustancias se absorben en el intestino delgado a través del mismo transportador, el GLUT5. Si este transportador sufre algún daño motivado por algún proceso inflamatorio en la mucosa intestinal, tanto la fructosa como el sorbitol no se absorberán correctamente en el intestino delgado y fermentarán en el intestino grueso produciendo un exceso de gases y síntomas digestivos.

En personas sanas, este proceso de fermentación es bien tolerado, pero, en pacientes que sufran este tipo de malabsorción, hay un aumento de sensibilidad intestinal, por lo que la tolerancia será diferente.

En las microvellosidades del intestino delgado tenemos una serie de enzimas que se encargan de digerir los almidones (amilasa), de romper los disacáridos como la lactosa (lactasa) o la sacarosa (disacaridasas), y también la diaminooxidasa, que se encarga de degradar la histamina, etc.

Un déficit de alguna de estas enzimas puede hacer que el intestino delgado no digiera sustancias, por lo que estas pasan directamente al intestino grueso, lo que provocará una menor capacidad para digerir y, por tanto, una peor tolerancia a los hidratos de carbono.

En resumen, la intolerancia a la fructosa puede ir acompañada de:

- intolerancia a sorbitol, lactosa
- malabsorción de grasas
- malabsorción de hidratos de carbono
- histamina alta

La malabsorción se produce por el déficit en la célula intestinal del transportador específico para la fructosa GLUT5, proteína cuya misión es introducir la fructosa y los polioles y transportarlos a los capilares.

El mecanismo de absorción de la fructosa es aún más complejo, ya que puede intervenir otro transportador no específico, el GLUT2, cuya misión es pasar la fructosa, glucosa y galactosa de la célula a la sangre. Cuando este transportador se activa por la presencia de glucosa, se aumenta la capacidad de absorción de la fructosa, razón por la que el azúcar normal o sacarosa (fructosa + glucosa) es más tolerado que otros.

Se dice que un alimento tiene un «exceso de fructosa» cuando contiene 0,2 g más de fructosa que de glucosa, como en los ejemplos que podéis ver de la tabla de abajo.

Esto explica por qué, en presencia de glucosa, se pueden absorber cantidades más altas de fructosa sin dificultad (se absorberá a través de 2 transportadores GLUT2 y GLUT5), pero, cuando no hay glucosa (solo habría un transportador, el GLUT5), la absorción de fructosa disminuye considerablemente, porque solo puede utilizar un camino de absorción.

La mezcla de sorbitol y polioles dificulta aún más la absorción de fructosa, ya que ambos compiten por el mismo transportador GLUT5 y se bloquean mutuamente.

La fructosa tiene una absorción limitada en el intestino delgado, la mitad de la población no puede absorber una carga mayor a 20-25 g de fructosa diarios, por lo que, en personas sanas, superar este margen también puede provocar síntomas. Hoy en día, no tenemos medios para identificar cuál es la cantidad máxima de absorción de fructosa o sorbitol propias de cada persona.

En la tabla de la página siguiente aparece la cantidad de fructosa que contiene cada fruta y verdura, las de menor contenido son aquellas que no superan los 5 g de fructosa por cada 100 g de porción comestible.

	FRUCTOSA POR 100 g	GLUCOSA POR 100 g	EXCESO FRUCTOSA	RESULTADO
MIEL	40 g	30 g	10 g	PROBLEMA
KIWI	0 g	4 g	0 g	OK

Alimentos según la cantidad de fructosa que contienen			
MUY BAJO (1 g)	BAJO (1–3 g)	MEDIO (3–5 g)	ALTO (> 5g)
Frutas: aguacate, lima, coco, chufas, albaricoque, papayas	Frutas: ciruela, grosella roja, mandarina, naranja, melocotón, melón, nectarina, pomelo, piña, sandía	Frutas: arándanos, fresa, frambuesa, fresón, granada, guayaba, grosella, mango, kiwi, melocotón seco, membrillo, moras, plátano, piña. Zumo de frutas	Frutas: albaricoque seco, caquis, cerezas, guindas, ciruela pasa, chirimoya, dátiles, higos secos, brevas, manzana, pera, ciruela, uva
Frutos secos: almendras, avellanas, castañas, piñones, cacahuetes			
Verduras: acelgas, ajo, batata, boniato, berenjena, berro, champiñón, espinacas, guisantes, habas, garbanzos, lechuga, lentejas, patata, pepino, setas, maíz, rábano, remolacha	Verduras: apio, alcachofa, brócoli, calabaza, cebollas, coles, repollo, coli or, escarola, zanahoria, espárragos, puerros, tomate		
Lácteos			
Proteínas: huevos, carnes y pescados naturales		Otros: miel, mermeladas, bebidas azucaradas, cereales azucarados o con miel, fruta en almíbar, chocolate, alcohol	

Contenido en fructosa de los alimentos (1 g fructosa/100 g de parte comestible)

Como hemos visto en la tabla, los principales alimentos con alto contenido en fructosa son manzanas, cerezas, mangos, peras, sandías, espárragos, alcachofas, miel y jalea real, entre otros.

Estos son solo los alimentos altos en fructosa, pero como he explicado más arriba, no sería lo único que tener en cuenta, puesto que la combinación de fructosa y sorbitol sería la que más problemas de absorción causaría y en esta tabla solo se tiene en cuenta la fructosa.

Las frutas que contienen esta combinación de fructosa y sorbitol, y que mayor intolerancia producirán son, entre otras:

· manzana
· pera
· cerezas
· ciruela
· melocotón
· albaricoque
· frutas deshidratadas

Los síntomas digestivos de intolerancia a la fructosa son:
• flatulencias
• eructos
• hinchazón abdominal que aumenta de la mañana a la noche

• digestiones pesadas, sensación de plenitud
• dolores abdominales, dolores cólicos
• estreñimiento/diarrea
• acidez
• mucosidad en las heces
• heces ácidas
• náuseas o vómitos
• ruidos intestinales

Los síntomas extradigestivos:
• dolor de cabeza
• insomnio
• cansancio
• sensación de frío
• picores en la piel
• depresión
• sequedad en la piel y en las mucosas
• caída del pelo y debilidad de las uñas
• llagas
• dolores articulares
• dolores musculares
• contracturas musculares frecuentes
• dificultad para perder o ganar peso
• alteraciones menstruales

Existen 2 tipos de malabsorción a fructosa:

Primaria: Se denomina así la intolerancia hereditaria a la fructosa, va mediada genéticamente y puede desarrollarse a lo largo de la vida. En este caso, el paciente debería realizar una dieta estricta sin fructosa ni sorbitol de por vida. Esta enfermedad es muy poco frecuente.

Secundaria: Es la más típica, cuando alguien habla de «intolerancia a la fructosa» suele ser este caso. No está codificada genéticamente y se produce por una enfermedad inflamatoria intestinal que daña el borde en cepillo de la mucosa intestinal de forma transitoria, aunque también puede hacerse permanente.

Cuando hablamos de malabsorción de fructosa, solemos referirnos a una malabsorción secundaria; se llama «secundaria» porque precede normalmente a una gastroenteritis, sobrecrecimiento bacteriano, colon irritable, enfermedad inflamatoria intestinal, celiaquía... y, cuando se encuentra la causa y se trata, esta malabsorción suele remitir, no es una condición patológica.

El tiempo que transcurre entre la ingesta del alimento con fructosa o sorbitol (véase más adelante) y la aparición de los síntomas puede ser variable y depende de muchos factores:

- Cuando el producto (fructosa y/o sorbitol) se mezcla con otros alimentos o se toma al final de una comida o hay un vaciado gástrico tardío, los síntomas pueden aparecer a partir de las 3-4 horas de la ingesta.
- Si el vaciado gástrico es rápido, los síntomas pueden aparecer a los 30 min. de la ingesta.

Hay que tener en cuenta que el grado de malabsorción varía de un paciente a otro y lo mismo ocurre con el grado de sensibilidad intestinal, es decir, hay pacientes cuya malabsorción no es muy elevada, pero presentan muchos síntomas intestinales, mientras otros tienen una alta malabsorción, pero, sin embargo, apenas les causan síntomas intestinales, aunque sí puede provocarles síntomas extraintestinales, como los que hemos mencionado más arriba. La dosis ingerida determinará en cada caso una mayor o menor tolerancia a la fructosa. Por eso, es importante que las dietas sean totalmente personalizadas, para que la restricción dietética sea la mínima posible, porque lo que a uno puede sentarle mal, a otro no, y podrías estar dejando de comer frutas o verduras que te sientan bien, lo que es un riesgo para tus bacterias buenas y ahora comprendes por qué.

SOLUCIONES

Recomendaciones:
- Buscar la causa de la intolerancia y tratarla.
- Seguir una dieta baja en hidratos de carbono fermentables FODMAP mientras se encuentra la causa del problema.
- No tomar fruta de postre hasta que todo vuelva a la normalidad.
- Tomar las verduras muy cocidas, evitar las verduras al vapor (cuanto más blanditas, más fáciles de digerir).
- Dejar en remojo las legumbres 24-48 h y cambiar el agua cada 6 h (en caso de poder tolerarlas).
- Se puede quitar la piel a las legumbres (con mucha paciencia) y añadir comino.
- Suprimir de la dieta todo tipo de alimentos ultraprocesados como las galletas, los zumos, los bollos, los chicles, las mermeladas, medicamentos en formato jarabe, etc.
- Tomar infusiones de jengibre, hinojo, anís.

IMPORTANTE: como he explicado anteriormente, un test positivo de intolerancia a la fructosa o el sorbitol no es un diagnóstico final en sí mismo. Puede tratarse de una mala absorción producida o ser secundaria a otra causa o enfermedad, como la celiaquía, una enfermedad inflamatoria intestinal como el Crohn o la colitis ulcerosa, un sobrecrecimiento bacteriano, *Helicobacter pylori*, parásitos, entre otros.

Una vez que te hayan diagnosticado este tipo de intolerancia, tendrás que buscar la causa y en ningún caso resignarte a hacer una dieta sin fructosa y/o sorbitol de por vida. De lo contrario cada vez deberás dejar de comer más cosas porque, al no tratar la causa, esta seguirá empeorando.

INTOLERANCIA AL SORBITOL

El sorbitol, igual que el manitol, el maltitol, el xilitol o la isomaltosa, son polioles, es decir, alcoholes derivados del azúcar.

¿Qué son los polioles?

Los polioles solo se digieren y absorben parcialmente en el intestino delgado, el resto alcanza el intestino grueso, donde las bacterias los fermentan. Al menos el 70 % de los polioles no se absorbe en sujetos sanos.

Un exceso de polioles (por ejemplo, una cantidad mayor de 50 g de sorbitol por día o mayor de 20 g de manitol por día) puede causar diarrea y molestias abdominales. En pacientes con mala absorción de fructosa/sorbitol, los polialcoholes no son aptos porque, al fermentar en el intestino grueso, darán lugar a ácidos grasos de cadena corta y gases excesivos que les pueden provocar malestar y síntomas de hinchazón, gases, dolor, heces blandas o explosivas, etcétera.

Los polioles se encuentran en muchos alimentos procesados, incluyendo:

- caramelos
- chicles
- helados
- pasteles
- productos horneados
- chocolate
- refrescos
- galletas
- mermeladas
- en prácticamente todos los productos zero, light, sin azúcares
- también se pueden encontrar en pasta de dientes y enjuague bucal

Estos son los polialcoholes más comunes que la industria utiliza como edulcorantes:

- sorbitol (e-420)
- xilitol (e-967)
- manitol (e-421)
- eritritol (e-968)
- lactitol (e-966)
- isomaltosa (e-953)
- maltitol (e-965)
- esteviol (e-960)

Como excepción, el eritritol es el único que se absorbe en un 90 % en el intestino delgado, por lo que una pequeña cantidad no producirá estos efectos secundarios de los que hablábamos.

El sorbitol

No sabemos con exactitud cuánta cantidad de sorbitol consumimos, pero es cierto que gran parte proviene de fuentes añadidas o alimentos procesados. También se utiliza como edulcorante (chicles, zumos comerciales, chuches, bollería industrial, galletas, productos dietéticos, medicamentos...), porque eleva menos la glucosa en la sangre que el azúcar, ya que aporta 2,6 kcal/g frente a las 4 kcal de la sacarosa (azúcar común o azúcar de mesa).

El sorbitol lo encontramos en las siguientes frutas:

· manzana
· albaricoque
· aguacate
· moras
· cerezas
· nectarina
· pera
· ciruelas pasas

Cuando se ingiere conjuntamente sorbitol y fructosa, el sorbitol dificulta la absorción de fructosa, ya que compiten por el mismo transportador GLUT5.

El intestino delgado solo puede absorber una cantidad limitada de sorbitol, se estima que es el 25 % del sorbitol ingerido. Por eso es normal que la ingestión de unos 20 g de sorbitol produzca diarreas en casi la mitad de las personas sanas.

LÁCTEOS E INTOLERANCIA A LA LACTOSA

La intolerancia a la lactosa es la incapacidad de digerir el azúcar de la leche, la lactosa.

Su mala absorción se debe a la ausencia de lactasa, la enzima presente en el intestino delgado que nos ayuda a digerir la lactosa.

Existen 3 tipos de intolerancia a la lactosa:

Déficit congénito de lactasa: una alteración genética cuyo diagnóstico tiene lugar en la infancia. Es una alteración extremadamente rara y se han descrito muy pocos casos al respecto.

Intolerancia a la lactosa primaria (persistente): normalmente se observa en ambientes donde el niño no consume ningún tipo de lácteo, como en culturas asiáticas o africanas.

Intolerancia a la lactosa secundaria o adquirida (reversible o temporal): una deficiencia transitoria de lactasa debida a enfermedades o situaciones que afectan a la producción de la enzima lactasa en el tracto digestivo. Las más comunes son las siguientes:

• enfermedades crónicas del intestino delgado como la celiaquía, enfermedades inflamatorias, fibrosis quística, enteropatía diabética, etcétera
• consumo de fármacos que afecten a la mucosa intestinal como los antibióticos o los antiinflamatorios no esteroideos del tipo del ibuprofeno
• enfermedad gastrointestinal como la gastroenteritis aguda o la desnutrición que daña la mucosa y las microvellosidades intestinales

Síntomas que pueden aparecer después de la ingesta de lactosa:

- dolor abdominal de tipo cólico
- hinchazón abdominal
- flatulencia
- diarrea
- heces ácidas
- estreñimiento
- presencia de grasa en las heces
- náuseas
- vómitos

Puedes realizarte el test de hidrógeno espirado para saber si sufres intolerancia o no. De todas formas, la mejoría clínica tras la eliminación de la lactosa en la dieta es fundamental.

Cómo tratar la intolerancia a la lactosa

La intolerancia a la lactosa no es cuestión de todo o nada, de hecho, la producción de lactasa varía según la persona. Aparecerán síntomas o molestias cuando se consume mayor cantidad de lactosa de la que cada uno puede tolerar, por ello, la clave está en no sobrepasar el límite.

Lo que debes saber es que, ahora mismo, no tenemos posibilidad de saber cuál es el límite exacto de absorción de cada persona.

El tratamiento consistirá, por tanto, en encontrar la cantidad adecuada de absorción para cada persona mediante ensayo y error, hasta que se minimice la intensidad o desaparezcan los síntomas. De todas formas, siempre es importante valorar cada caso y adaptar la alimentación a la persona.

Si retiras completamente la lactosa de la dieta durante un tiempo prolongado, te puedes volver intolerante porque, cuando el cuerpo deja de utilizar esta enzima, disminuye la producción de lactasa y la digestión de lactosa se vuelve más difícil.

Como hemos explicado anteriormente, la disminución de lactasa puede provocarse de forma secundaria debido a una intervención quirúrgica, lesión o enfermedad como la celiaquía, el sobrecrecimiento bacteriano o la enfermedad de Crohn. En estos casos, no debes preocuparte demasiado al introducir la lactosa; pregunta a tu especialista cuándo podrás reintroducirla y si, en tu caso concreto, es beneficioso hacerlo o si te perjudicará.

Si ya llevas tiempo sin tomar lactosa, ya sea porque la retiraste porque pensabas que te sentaba mal o porque te lo ha indicado un profesional y piensas que ya estás recuperado, te aconsejo que, si quieres reintroducirla, lo hagas en pequeñas cantidades para probar tu tolerancia. Empieza por comer productos fermentados, como el queso curado o el kéfir o yogur, que tienen menos cantidad de lactosa.

Esta es la cantidad de lactosa que contienen los siguientes lácteos:

- leche materna: 9 %
- leche de búfala: 4,9 %
- leche de vaca: 4,7 %
- leche de oveja: 4,6 %
- leche de cabra: 4,1 %

Y estos son los productos bajos en lactosa:

- mantequilla o ghee (mantequilla clarificada), máx. 1 cucharadita al día, sin abusar
- quesos curados, manchego, emmental, gouda, feta, parmesano (los quesos curados tienen menos lactosa que los otros frescos)
- yogur (el de cabra tendrá menos lactosa)
- kéfir (el de cabra tendrá menos lactosa)

Para la elaboración de la mantequilla, se separan los componentes acuosos de los grasos y, como la lactosa es una molécula hidrosoluble, no estará presente en la mantequilla. En los casos del yogur y el kéfir o los quesos, las bacterias fermentan la lactosa, con lo que disminuye su contenido.

Fuentes de calcio alternativas a los lácteos

> Te recuerdo que tomar leche no es necesario, porque no te producirá un déficit de calcio.

Estos alimentos son una buena fuente de calcio y pueden sustituir al consumo de lácteos:

- espinas de los pescados pequeños (sardinas, boquerones, anchoas...)
- verduras de hoja verde (brócoli, kale, espinacas, acelgas...)
- frutos secos como las almendras
- semillas de chía, lino o sésamo (te recomiendo la crema de sésamo)
- legumbres como lentejas, garbanzos, soja
- huevo

Las proteínas de la leche

No solo la lactosa de los lácteos puede dar problemas, porque hay más componentes de los lácteos que debemos tener en cuenta. Por eso, los productos «sin lactosa» no suelen ser una solución para todo el mundo.

Hace un tiempo, las vacas europeas sufrieron una mutación que cambió la composición del tipo de proteína más abundante que llevan los lácteos, la llamada «betacaseína». La leche materna contiene principalmente la betacaseína A2, que es la misma que contenían las primeras vacas domesticadas. Con el tiempo, esto ha ido cambiando, ya que esta mutación parecía que aumentaba la producción de leche, una excelente noticia para los ganaderos y la industria. Ahora la leche contiene mayor cantidad de betacaseína A1, una proteína que está más asociada a marcadores de inflamación en humanos que la A2, por tanto, sería un dato que tener en cuenta, por ejemplo, en personas con problemas inflamatorios intestinales, como colon irritable u otros.

Los **lácteos fermentados** (yogur, kéfir y queso) suelen sentar mejor porque tienen menos lactosa, pero el tipo de proteína láctea es la misma. Aun así, los fermentados aportan muchos beneficios (alimentan a nuestras bacterias intestinales y estas, a cambio, sintetizan hor-

monas y vitaminas en el organismo, mejoran el sistema inmunitario...), por lo que son mejor opción que la leche. Además, los lácteos de cabra u oveja contienen mayor cantidad de betacaseína A2, o sea, la misma que está presente en la leche materna, además de consumir menos lactosa.

Los **lácteos con menos caseína** son el requesón, cuyo único ingrediente es el suero de leche, y el kéfir de cabra, cuyos componentes son la leche entera y fermentos lácticos.

Los **lácteos sin lactosa** son lácteos con lactosa a los que se les ha añadido la enzima lactasa, que ayuda a digerir la lactosa.

Si ves necesario utilizar este tipo de lácteos, adelante, pero recuerda que tanto los quesos como el yogur ya tienen menos contenido en lactosa que la leche, y cada persona es un caso distinto.

Ojo, siempre hay que leer los ingredientes de lo que se compra, si decides comprar los productos «sin lactosa», no te fíes solamente del reclamo, mira a ver cómo han sustituido el azúcar de la leche. Recuerda que un yogur no debería tener más que 2 o 3 ingredientes, entre los que se encuentran la leche entera (de vaca, cabra u oveja), los fermentos lácticos y, en algunos casos, leche en polvo. No debería llevar añadido ningún ingrediente más, a no ser que estemos hablando de un yogur griego al que le añaden grasa.

Siempre compra yogur o kéfir naturales, sin azúcar, sin edulcorantes y sin sabores. Si necesitas añadir sabor, puedes echarle fruta, canela, frutos secos...

En el caso de los quesos, no compres quesos de untar o transformados. Compra quesos frescos, curados o semicurados que hayan sufrido el mínimo procesado.

Sensibilidad al gluten no celiaca

Es una nueva enfermedad descrita por la medicina de la que, de momento, tenemos poca información. Pero, sin embargo, sí nos encontramos bastantes casos en la consulta.

Cuando a un paciente se le ha diagnosticado una sensibilidad al gluten no celiaca, se le ha descartado previamente que padezca una enfermedad celiaca o una alergia al trigo. Aunque esta sensibilidad lleve el término «gluten», quizá esté mal denominado, porque realmente se desconoce si está motivada por un componente presente en el trigo, por los fructanos, los inhibidores de la amilasa-tripsina, el glifosato (herbicida) u otros, que pueden desencadenar la sintomatología, y no por el gluten en sí.

• **Fructanos:** Son un tipo de hidrato de carbono formado por unidades de fructosa difícil de digerir y absorber en el intestino delgado y, además, de rápida fermentabilidad, es decir, si tu intestino no funciona correctamente, te generará muchos gases, heces pastosas o diarreas e hinchazón abdominal.
  Se encuentran, entre otros, en cereales con gluten como:
  · trigo
  · centeno
  · cebada (galletas, cereales de desayuno, pasta, cuscús)
  · cebolla
  · puerro
  · ajo
  · alcachofa
  · pistachos
  · guisantes
  · lentejas
  · garbanzos
  · melocotón
  · sandía
  · etc.
  Por lo que, si comes un bocadillo o una comida rehogada con ajo y tienes diarreas, hinchazón y gases, probablemente tu problema sean los fructanos más que el gluten en sí.

- **Inhibidores de la amilasa-tripsina** (ATI es su sigla en inglés): Estas proteínas (distintas del gluten) representan el 4 % del total de la proteína del trigo. Son una de las principales proteínas de defensa, pues hacen a los cereales más resistentes frente a las plagas y las infestaciones parasitarias. Resisten la proteólisis del intestino y llegan al intestino delgado y al colon, donde aumentan la actividad del sistema inmunitario. Parece no solo tener consecuencias en la enfermedad celiaca, sino también en pacientes con síndrome de intestino irritable y sensibilidad al gluten no celiaca.
- **Glifosato:** Se está estudiando la posibilidad de que el aumento de este herbicida pueda estar detrás de las cifras de incremento de la celiaquía, la sensibilidad al gluten no celiaca y el intestino irritable.

La sintomatología que sufre este tipo de paciente es característica de la enfermedad celiaca, pero es cierto que el paciente no es celiaco ni alérgico al trigo y, sin embargo, mejora la sintomatología al retirar el gluten y empeora al introducirlo de nuevo.

Estos son los síntomas intestinales más frecuentes:
- hinchazón
- diarrea
- estreñimiento
- dolor abdominal
- reflujo
- náuseas
- gases

Síntomas extraintestinales:
- fatiga crónica
- mente nublada
- visión borrosa después de comer alimentos que contienen gluten
- dificultad de concentración
- dolores de cabeza
- dolor muscular
- eccemas
- anemia
- depresión
- ansiedad
- hiperactividad
- rinitis

Hoy en día no existe una prueba específica que nos aclare si un paciente es sensible al gluten o no, sino que es un diagnóstico por descarte de otras enfermedades como la celiaquía y la alergia al trigo.

Pruebas para descartar celiaquía:

- Sintomatología digestiva o extradigestiva.
- Serología: anticuerpos específicos antigliadina, antitransglutaminasa y antiendomisio positivos. Aunque no siempre son positivos en todos los celiacos, por lo que ante una clínica susceptible de celiaquía, el especialista debería seguir realizando más pruebas del diagnóstico de la celiaquía. Esta prueba siempre debe realizarse después de ingerir gluten a diario al menos 5-8 semanas antes.
- Prueba genética, estudio de haplotipo HLA-DQ2, presente en casi el 90 % de los celiacos, DQ8, presente en un 5 % de los celiacos, y el Half DQ2. Esta prueba ayudará a confirmar el diagnóstico de la celiaquía. Pero por sí sola, solo indica que existe riesgo de desarrollar la enfermedad. Si la prueba fuese negativa, podemos descartar al 99 % la enfermedad celiaca. Esta prueba no depende de la ingesta de gluten.
- Biopsia de duodeno: determina si hay celiaquía y cuál es el grado de lesión del intestino a través de la «clasificación Marsh» que abarca una escala

desde un Marsh 1 que no siempre indica celiaquía, hasta las lesiones más graves con atrofia vellositaria. Este es el siguiente paso que se realiza cuando la serología es positiva y la genética es compatible con la enfermedad celiaca. Aunque también se realizaría en el caso en el que la serología sea negativa pero haya alta sospecha de la enfermedad. Esta prueba siempre debe realizarse después de ingerir gluten a diario al menos 5-8 semanas antes.

Aproximadamente un 47 % de los pacientes que sufren sensibilidad al gluten no celiaca también están diagnosticados de colon irritable, y un 35 % ha tenido un diagnóstico previo de intolerancias alimentarias como la fructosa o la lactosa u otros alérgenos como el polen, los ácaros o las gramíneas.

Cuando todas estas pruebas de descarte de la enfermedad celiaca apuntan a una sensibilidad y no a una celiaquía, se comprueba si se produce una mejoría clínica al retirar el gluten durante unas semanas para después reintroducirlo y comprobar si vuelven los síntomas. Normalmente, los pacientes con sensibilidad al gluten suelen notar mejoría en unos días a partir del momento en que dejan de tomarlo. Si después de unas semanas no se ha notado mejoría alguna, puede que sea debido a una sensibilidad a los fructanos, lo que querría decir que los síntomas no remitirán si solo se deja de tomar pan, sino que, si se sigue tomando cebolla o ajo, por ejemplo, seguirá la sintomatología.

Un aumento del consumo de una gran variedad de alimentos que contienen trigo y gluten podría haber contribuido a un incremento de la incidencia de los trastornos relacionados con el gluten en países industrializados.

Factores que pueden participar en este aumento del consumo pueden estar relacionados con la cantidad y la calidad del gluten que comemos en estos últimos años y con el tipo y la duración de la fermentación de la masa del trigo, excesivamente refinado.

Siempre se ha consumido pan, ¿cuál es el problema ahora?

Cuando los pacientes me preguntan por qué ahora se habla de lo malo que es el pan, cuando nuestros abuelos y bisabuelos han comido pan toda la vida, siempre respondo lo mismo: el proceso antiguo de largos tiempos de fermentación del pan permitía que las bacterias pudiesen descomponer gran parte del gluten y los hidratos de carbono presentes en el pan. Era mucho más fácil de digerir, tenía un índice glucémico menor, permitía una mejor absorción de vitaminas y, por supuesto, era más natural.

Recordemos qué cereales y pseudocereales tienen gluten y cuáles no:

Con gluten:
- Trigo, centeno, espelta, cebada, cuscús, avena, kamut, malta, bulgur

Sin gluten:
- Trigo sarraceno, avena sin gluten* (tiene que especificarlo en la etiqueta), arroz, quinoa, maíz, tapioca, mijo, teff, amaranto

*La avena no contiene gluten de por sí, pero habitualmente está contaminada por granos de cereales con gluten, por tanto, habrá que buscar una que esté certificada sin gluten.

A veces pensamos que, si quitamos el pan, la pasta y la pizza de nuestra dieta, estamos evitando el gluten totalmente, pero es destacable, como ya he adelantado, la cantidad de productos que ahora llevan gluten, muchos de los cuales no podríamos ni imaginar. Por ejemplo, poca gente es consciente de que un yogur puede llevar harinas con gluten entre sus ingredientes, así como las salsas o los colorantes, que se añaden como aditivo a una amplia variedad de alimentos.

Quiero aclarar que no es lo mismo que un producto contenga gluten dentro de sus ingredientes o que lleve trazas de gluten, son dos cosas diferentes que suelen causar confusión. Sin embargo, una persona celiaca o diagnosticada de sensibilidad al gluten no celiaca no podrá tomar ni un alimento que lleve gluten entre sus ingredientes ni tampoco el que está contaminado con trazas de gluten. Las trazas que contienen los alimentos vienen especificadas en las etiquetas de todos los productos y significa que, aunque no se ha utilizado gluten para elaborar el alimento, sí se ha fabricado en un sitio donde puede haberse contaminado con trazas de gluten procedentes del aire o de otras superficies. Pero si tu sensibilidad al gluten se debe, en realidad, a que no toleras los fructanos o los FODMAP, en ese caso las trazas del gluten no te afectarán y, cuando cures esta intolerancia, volverás a tolerar el gluten.

Aprovecho para recalcar que los productos etiquetados como «sin gluten» no son una buena opción. Al fin y al cabo, en el supermercado tienes galletas sin gluten, bollos sin gluten, pizzas sin gluten, pan sin gluten..., pero si te fijas detenidamente en los ingredientes de estos productos, te darás cuenta de que no son más que puro marketing, es decir, son productos cuyos ingredientes son iguales que sus homónimos con gluten: la misma galleta con el mismo azúcar, grasas trans saturadas, aditivos, pero eso sí, sin gluten. No te dejes engañar.

Además, si eres celiaco o sensible al gluten, te recomiendo que compres pan en una panadería buena o hagas un pan de calidad en casa y dejes para ocasiones puntuales los panes de los supermercados envasados en plásticos. Lo ideal es comprar un pan de masa madre que nos aporte probióticos buenos para la salud intestinal. Al final del libro, encontrarás, en el apartado de «recetas», cómo hacer pan sin gluten fácil y con ingredientes que aporten beneficios a tu intestino.

Quédate con la idea de que «sin gluten» no es sinónimo de sano. Siempre debes leer los ingredientes del producto y no dejarte engañar.

Alimentos con gluten	Alimentos que pueden contener gluten
Panes, pastas, harinas de cereales con gluten: almidón y sémola de trigo, cebada, centeno, avena, espelta, triticale, cuscús, kamut	Embutidos y productos de charcutería
	Quesos
Cereales para el desayuno. (solo se deben consumir aquellos etiquetados como «sin gluten»)	Yogures con cereales
	Harinas y cereales aunque sean de maíz pueden ser alimentos con gluten por contaminación cruzada si no está etiquetado como «sin gluten»
Bollos, pasteles, tartas y demás productos de pastelería	Patés
	Conservas de carne y de pescado que contengan salsas
Leches infantiles con cereales	Caramelos y chucherías a granel
	Sucedáneos de café y otras bebidas de máquina expendedoras
Bebidas malteadas	Frutos secos fritos y tostados con sal
	Helados a granel
Bebidas destiladas o fermentadas a partir de cereales: cerveza con o sin alcohol, agua de cebada, algunos licores, etc.	Colorante alimentario

Sobrecrecimiento bacteriano

Este trastorno se caracteriza por un crecimiento excesivo de bacterias u otros microorganismos en el intestino delgado, pero que son propias del intestino grueso. Cuando las bacterias aumentan en el intestino delgado, donde no deberían estar, van colonizándolo poco a poco y se produce un crecimiento de endotoxinas y compuestos bacterianos que generan una inflamación crónica de la mucosa intestinal.

Las bacterias van a seguir creciendo y desarrollándose gracias a que les proporcionamos alimento a través de los hidratos de carbono fermentables o FODMAP que comemos. A su vez, producto de su alimentación bacteriana o fermentación, estas bacterias van a generar una serie de compuestos tóxicos para la mucosa como amoniaco, D-lactato o etanol (también ligado a la proliferación de cándidas o levaduras).

Según el tipo de bacterias que contenga el intestino delgado, el proceso de fermentación va a dar lugar a la producción de diferentes gases (hidrógeno, metano y sulfuro de hidrógeno) que supondrá un deterioro de las microvellosidades, por lo que se van produciendo alteraciones en los procesos de digestión de los alimentos y absorción de los nutrientes.

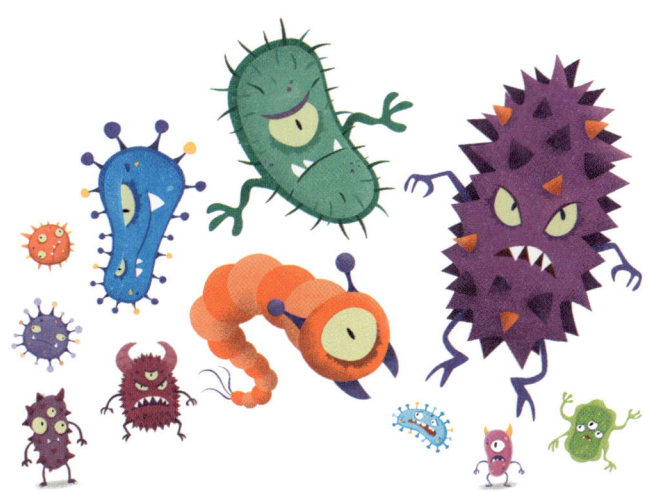

El sobrecrecimiento bacteriano puede dar lugar a:

- intolerancia a la fructosa/sorbitol
- intolerancia a la lactosa
- malabsorción de hidratos de carbono: debido, por un lado, a que las bacterias los degradan en exceso y los consumen, reduciendo su disponibilidad y, por otro, como la mucosa intestinal está dañada, las enzimas que se encargan de su absorción son deficientes
- déficit de diaminooxidasa
- malabsorción de grasas y, por tanto, deficiente absorción de vitaminas liposolubles A, D, E y K
- malabsorción de proteínas: debido al daño del epitelio intestinal, se reduce la producción de aminoácidos
- malabsorción de B12: esta vitamina llega al intestino delgado y puede ser consumida por las bacterias

CAUSAS

Son muchas las causas que pueden predisponer al sobrecrecimiento bacteriano, ya que las bacterias siempre intentarán aprovechar cualquier ventaja para proliferar, aquí nombro algunas:

- **Baja producción de ácido en el estómago** que ofrece una barrera de protección importante.
- La primera barrera defensiva la tenemos en el estómago, el ácido gástrico elimina y suprime el crecimiento de la mayoría de los organismos que ingresan en nuestro cuerpo, es decir, casi la totalidad de las bacterias que llegan a nuestro estómago mueren en cuestión de 5 minutos por su exposición ácida. Por eso, es importante no tomar por largas temporadas inhibidores de la bomba de protones, de esta manera estaríamos aumentando el pH de nuestro estómago (haciendo que este no sea tan ácido) y no podría realizar adecuadamente la función defensiva, porque las bacterias no morirían y tendríamos una

cantidad parecida de bacterias en el estómago que en la primera porción del intestino delgado. Aunque, para que esto tenga relevancia, tendría que venir acompañado de una alteración del peristaltismo intestinal.

- Algunas enfermedades gástricas que producen aclorhidria, como la gastritis crónica, ya sea de origen autoinmune o secundaria a *Helicobacter pylori*, son situaciones que predisponen a la aparición del sobrecrecimiento bacteriano.
- **Alteraciones en la motilidad intestinal** relacionadas con la toma de alimentos y con el periodo de ayuno (véase el capítulo 6).
- **Alteraciones relacionadas con la toma de alimentos** como en complicaciones derivadas de intervenciones quirúrgicas abdominales, gastrectomía por úlcera o cáncer de estómago, presencia de divertículos, adherencias intestinales o fístulas.
- **Periodo de ayuno:** este mecanismo tiene como finalidad retirar

del intestino delgado los restos alimenticios y las bacterias para arrastrarlos al intestino grueso, de modo que quede lo más limpio posible. Se lleva a cabo durante los periodos de ayuno que suceden cuando dejamos de comer, entre una comida y otra, de 2 a 4 h después de haber comido. Cuando este mecanismo no funciona bien, las bacterias se quedarán más tiempo del necesario en el intestino delgado y tendrán comida y tiempo para crecer y reproducirse, lo que dará lugar al sobrecrecimiento bacteriano.

- Problemas en integridad de la válvula ileocecal (esta válvula comunica el intestino delgado con el grueso y, si no funciona bien, las bacterias del colon ascenderán al intestino delgado).
- Deficiencia de inmunoglobulina A.
- Alcoholismo.
- Toma de antibióticos.

Estos son los síntomas y signos del sobrecrecimiento bacteriano:
- Plenitud después de las comidas
- Flatulencias
- Meteorismo
- Dolor abdominal
- Diarrea/estreñimiento
- Grasa en las heces
- Pérdida de peso/ganancia de peso
- Déficit de vitaminas
- Debilidad de las uñas
- Caída del pelo
- Sequedad de la piel

La población susceptible de padecer un sobrecrecimiento bacteriano:
- Las personas mayores de 80 años.
- Las personas que toman de forma habitual inhibidores de la bomba de protones. Esto genera hipoclorhidria gástrica o disminución de la acidez estomacal y está relacionado también con la presencia del *Helicobacter pylori*, que vive en ambientes poco ácidos; de hecho, en pacientes con *Helicobacter* positivo, el pH gástrico asciende 4 unidades por encima de la normalidad (pH gástrico normal 1-2). Cuando el pH está por encima de 4, puede haber un incremento de la cantidad de bacterias en el intestino delgado.

- Intervenciones quirúrgicas del tracto gastrointestinal (y de Roux, Billroth II) predispone al desarrollo del sobrecimiento bacteriano, porque reducen la exposición al ácido gástrico, provocan una eliminación inefectiva de bacterias y una retención de alimentos y secreciones.

DIAGNÓSTICO

Las bacterias intestinales tienen la capacidad de descomponer los azúcares liberando gases como el hidrógeno o el metano. Estos gases pasan al torrente sanguíneo y de aquí al pulmón, por lo que se expulsarán mediante la respiración; por eso, los test del aliento son una buena prueba de diagnóstico.

El diagnóstico del sobrecrecimiento bacteriano suele hacerse mediante el test de hidrógeno (H_2) y metano (CH_4) espirado. Es un test no invasivo, barato, simple y seguro. Normalmente se hace en la Seguridad Social y también lo cubren las mutuas médicas. Se administra por vía oral una cantidad controlada del sustrato (lactulosa o lactitol) y se valora, cada 30 minutos, la cantidad de hidrógeno espirado (expulsado), por lo que el paciente tendrá que ir soplando en el dispositivo varias veces durante la prueba, 3 horas. Está basado en la capacidad que tienen las bacterias de metabolizar la lactulosa o lactitol ingerido en hidrógeno y metano, y su cuantificación posterior en el aliento.

En individuos sanos la lactulosa/lactitol ingerido no se absorbe hasta alcanzar el colon, donde se metaboliza por las bacterias colónicas, identificándose por un pico tardío tras 90 minutos en el test del aliento. Sin embargo, en pacientes con sobrecrecimiento bacteriano, se puede observar una elevación de hidrógeno o metano en los primeros 90-120 min. de la curva y otro pico tardío cuando la lactulosa alcanza el colon.

TRATAMIENTO

Si la prueba saliese positiva, habría que tomar antibiótico, ya sea químico o herbáceo, para eliminar las bacterias contaminantes. En el caso de que el hidrógeno salga positivo, el antibiótico recomendado es la rifaximina, porque actúa de manera localizada en el intestino delgado y tiene pocos efectos secundarios; si el gas que sale positivo es el metano o H_2 y CH_4 positivos, tendríamos que recetar, además de la rifaximina, el metronidazol. En el caso de los herbáceos, son muy buenos el aceite de orégano, la alicina, la berberina, la artemisa, Boswellia serrata o el extracto de hoja de olivo.

IMPORTANTE: si solo tomas el antibiótico y no haces tratamiento dietético, tendrás

más probabilidades de que las bacterias malas no se eliminen (porque a la vez les proporcionas alimento) o de que vuelvan a aparecer. Por lo que corregir la alimentación también es fundamental.

Por lo que respecta a la dieta, deberías eliminar los azúcares no reabsorbibles como el sorbitol, la sacarina y el aspartamo, y seguir la dieta FODMAP, dieta pobre en hidratos de carbono de cadena corta, ya que son osmóticamente activos y fermentables por las bacterias del intestino delgado, lo que puede provocar un exceso de fermentación y producción de gas. Este tipo de dieta debe seguirse durante el menor tiempo posible, aproximadamente 6-8 semanas como máximo, y después, cuando vayan remitiendo los síntomas, se reintroducirán poco a poco los alimentos. Lo ideal es que lo hagas de la mano de un nutricionista cualificado que te ayude a reintroducir los alimentos poco a poco.

Después del tratamiento antibiótico, conviene restaurar adecuadamente toda la microbiota intestinal y regenerar la mucosa (la casita de las bacterias buenas) para evitar recidivas. Es importante asegurarnos del buen funcionamiento de «autolimpieza» o barrido intestinal que hace nuestro intestino mediado por el complejo motor migratorio, durante los periodos de ayuno (véase el capítulo 6). Además, la toma de probióticos es de gran ayuda para poder restaurar la microbiota. No puedo recomendar probióticos de manera general, porque depende de cada paciente, ya que uno que le vaya bien a una persona a otra puede no funcionarle o tener un efecto diferente.

Nuestra microbiota es tan particular como el tipo de probiótico que te irá bien.

Aunque el probiótico no llegue a colonizar el intestino, es importante saber que solo con su paso por el mismo es capaz de ayudarnos a reducir la inflamación, establecer un mejor equilibrio de las bacterias existentes e incluso mejorar el sistema inmunitario. Además, es fundamental tener una visión más global sobre el tratamiento de cualquier enfermedad. En la siguiente imagen, te muestro todo lo que tiene impacto sobre la salud intestinal y, por tanto, necesario para realizar un tratamiento eficaz, no solo del sobrecrecimiento bacteriano, sino de cualquier trastorno relacionado con el intestino.

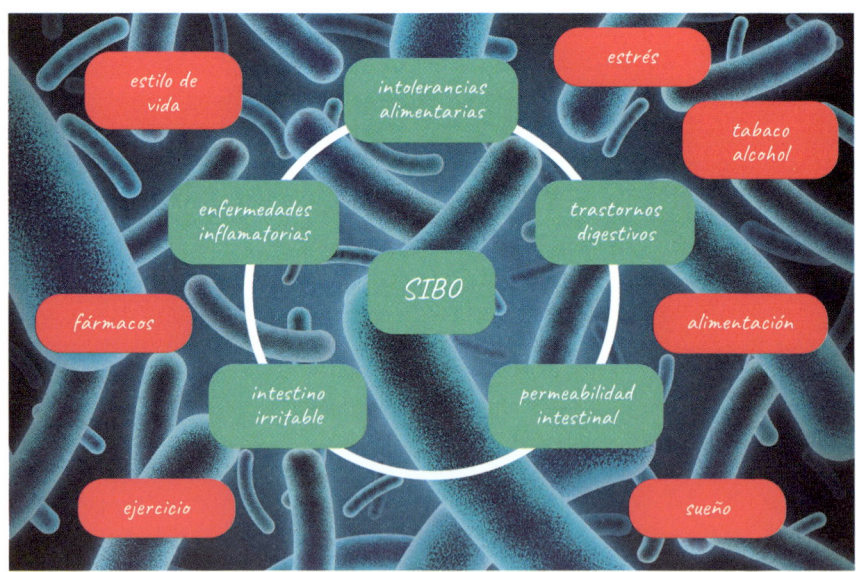

CAPÍTULO 5

Enganchados al azúcar

El azúcar es la sustancia comestible más adictiva que existe, capaz de ofrecernos un tremendo subidón de dopamina (placentera recompensa artificial) en cuestión de segundos tras su ingesta.

El azúcar se obtiene mediante un proceso industrial aislándolo químicamente a partir de los vegetales que lo contienen, como son la remolacha o la caña de azúcar. En este proceso, el azúcar pierde todas las sales minerales, fibra y vitaminas, debido a su cocción a altas temperaturas y al uso de productos químicos.

¿Serías capaz de dejar de tomar azúcar durante una semana?

Recuerda que casi todos los alimentos ultraprocesados, dulces y, a veces, salados (salsas, zumos, bebidas gaseosas, jamón cocido, pavo, galletas, cereales de desayuno, etc.), contienen azúcar. En este azúcar de los alimentos ultraprocesados, NO se incluye el azúcar natural de la fruta, porque la epidemia de obesidad mundial y la cantidad de trastornos asociados que conlleva no está provocada por la fruta que se consume, más bien por el incremento de la ingesta de productos ultraprocesados.

Según la OMS, la cantidad total máxima diaria de azúcar añadido a los alimentos no debería superar:

- En adultos: los 25 g por día (unos 6 azucarillos)

- En niños: los 15 g por día (unos 4 azucarillos)

Es importante recordar que la cantidad mínima recomendada de consumo de azúcar en adultos y niños es de 0 gramos. Es decir, lo ideal sería no consumirlo.

Esto incluye, aparte del azúcar añadido, el azúcar naturalmente presente en la miel, los jarabes, los zumos y concentrados de fruta. Por ejemplo:

- 1 lata de refresco contiene hasta 40 gramos de azúcar (unas 10 cucharaditas de azúcar)

- 1 cucharada de kétchup, 4 gramos de azúcar (1 cucharadita)

- ¿Y los gusanitos de los niños?, pues hasta 35 gramos de azúcar (6-7 cucharaditas) por bolsa.

Considerando estos datos, te darás cuenta de lo difícil que es no tomar azúcar.

¿El azúcar es imprescindible para aportar energía?

La respuesta es no. Cuando, en los anuncios, te dicen que algo azucarado aporta la energía diaria que necesitas, es totalmente falso, están utilizando el término «azúcar» y «glucosa» como si significaran lo mismo, por tanto, hay que tener criterio cuando oigamos este tipo de cosas. La glucosa es la que sí es imprescindible para aportar energía y el organismo la obtiene de verduras, frutas, legumbres, cereales, etc., por lo que no necesitamos ningún aporte extra de fuentes artificiales.

Quédate con que azúcar y glucosa no son el mismo concepto.

Pero entonces, ¿podemos vivir sin azúcar?

La respuesta es sí. La publicidad nos ha hecho confundir el azúcar común o sacarosa (glucosa + fructosa) con la glucosa; esta última, como he comentado anteriormente, SÍ es imprescindible para vivir, para que el organismo lleve a cabo sus funciones vitales.

El azúcar, para metabolizarse, necesita cantidad de nutrientes, como son la vitamina B (en especial la B₁), el magnesio, el cromo y el zinc; por lo tanto, con la ingesta de azúcares, el organismo pierde estos nutrientes, porque no los vuelve a reponer. Está demostrado que la deficiencia de vitamina B favorece la aparición de problemas psicológicos, especialmente depresiones y trastornos del sistema nervioso, irritabilidad, falta de concentración, etc.

Así pues, el azúcar no solo NO aporta energía, sino que se podría decir que nos la roba.

El azúcar también nos roba el calcio de los huesos. Con el déficit de minerales que conlleva su consumo, nos encontramos con una sociedad que se caracteriza por un crecimiento de los huesos en longitud, pero con menos densidad ósea.

Por eso, no tiene sentido que intentemos tomar lácteos para tener unos huesos fuertes, si estos están repletos de azúcar:

- Cualquier yogur de iniciación para bebés o los yogures de sabores o los edulcorados para niños y adultos llevan unos 15 g de azúcar por unidad. Además de otros yogures bebidos, zumos, batidos industriales, galletas, cereales, etc.

¡Compra yogures naturales! Y añádeles tú mismo las frutas, frutos secos, etc.

He aquí los problemas más comunes relacionados con la ingesta de azúcar:

- ansiedad/nerviosismo
- cansancio/agotamiento/fatiga
- desconcentración
- dolores de cabeza
- depresión/pesimismo
- síndrome premenstrual
- sueño prolongado

- retención de líquidos
- triglicéridos y colesterol elevados
- problemas gastrointestinales (permeabilidad intestinal)
- candidiasis y otras levaduras
- disminución de la sensibilidad a la insulina
- aumento de estrógenos
- aumento del estrés (hipersensibilidad de las glándulas suprarrenales)

· fructosa
· galactosa
· glucosa
· jarabe de arroz, maíz, malta, refinado
· jugo de caña
· néctar
· sacarosa
· melaza
· miel
· panela

¿Hay algún tipo de azúcar bueno?

No hay ningún tipo de azúcar que se pueda tomar a diario sin límite y sin problema. Solo se debería consumir si es de forma ocasional.

Nombres bajo los que se esconde el azúcar en las etiquetas:

· siropes (sirope de agave)
· almíbar
· azúcar de dátil, moreno, de caña, uva, glas, de coco
· caramelo
· cebada de malta
· concentrado de jugo de frutas
· cristales de caña de azúcar
· cristales de florida
· dextrano, dextrosa

Mucha gente consume azúcar de caña, azúcar de coco u otros de la lista anterior, creyendo que es una forma de azúcar «natural» más beneficiosa para la salud; sin embargo, y aunque es cierto que los azúcares no refinados tienen algún nutriente o vitamina extra, la diferencia es casi inapreciable. Con el consumo constante de azúcar se produce una estimulación en exceso del páncreas, favoreciendo así la resistencia a la insulina y la diabetes, la producción de hormonas corticosuprarrenales, problemas cardiovasculares, hipoglucemia, elevación excesiva del colesterol, deficiencias vitamínicas o la descalcificación de huesos, entre otras sintomatologías.

Personalmente, el que más me gusta es el azúcar de coco, lo utilizo esporádicamente para repostería, es decir, lo empleo sabiendo que es igualmente azúcar (para beneficiarme de los minerales que lo acompañan, tendría que consumir una cantidad tan grande que no obtendría ningún beneficio sino lo contrario) y añado la mínima cantidad porque lo que hay que conseguir es que nos guste el sabor natural de los alimentos, no engañar a nuestros sentidos con el sabor artificial de los añadidos.

Aclaro que la fructosa añadida a los productos ultraprocesados como las mermeladas o los refrescos no es la fructosa que proviene de las frutas. La que añaden a los productos procesados es fructosa artificial (procede de la descomposición química del azúcar blanco), nada que ver con las frutas, se acumula en el hígado en forma de grasa y puede ser la culpable del hígado graso, el aumento de triglicéridos, la celulitis, la inflamación, etc.

¿Qué alimentos llevan azúcar añadido en su composición?

El azúcar no solo se encuentra en alimentos de sobra conocidos, como los bollos, los pasteles, el chocolate con leche, los helados, etc., sino que también se puede encontrar en los cereales de desayuno, las mermeladas, las galletas normales y las light o cero, los yogures de sabores o azucarados, las salsas, los refrescos, los zumos y un largo etcétera.

¿Si sustituyo el azúcar por edulcorante se acabó el problema?

El objetivo del uso de algunos edulcorantes es desacostumbrar al paladar a la necesidad de ingesta de sabores tan dulces a la par que artificiales. Mi consejo es ir reduciendo la cantidad de edulcorante hasta ser capaces de no depender de ellos; se puede vivir sin ellos, os lo prometo.

Además, los edulcorantes alteran la microbiota intestinal y provocan un aumento del apetito a causa de la distorsión de las señales de saciedad, aparte de deteriorar la tolerancia a la glucosa. El cerebro detecta el sabor dulce y el contenido de energía (kcal) de los alimentos. Con los edulcorantes, hay una parte que falla, el contenido de energía es nulo, por lo que la alteración de este balance hace que queramos compensar con otros alimentos calóricos, por lo que estimulan el hambre.

Adicción al azúcar

Cuando se consume azúcar, el triptófano en la sangre se incrementa (aminoácido precursor de la serotonina, conocida como «la neurohormona de la felicidad»), esto implica que, tras el consumo de azúcar, empiezas a sentirte mejor, como con una sensación de euforia, pero el problema es que, después, el cuerpo se autorregula de forma natural y acaba siendo necesario el aporte de azúcar para volver a llegar al punto anterior. Dicho en otras palabras, el cuerpo acaba acostumbrándose y deja de producir neurotransmisores de manera natural, así se desarrolla la «tolerancia», por la que cada vez se necesitará mayor cantidad de azúcar para poder sentir el mismo efecto que antes.

Además, cuando se consume azúcar, la glucosa se absorbe en la sangre y al principio nos sentimos más animados («efecto montaña rusa»), pero después los niveles de glucosa sanguínea vuelven a bajar y esto produce, dependiendo de la cantidad de glucosa ingerida, cansancio, irritación, nerviosismo, desconcentración, entre otros trastornos.

El azúcar también modifica el nivel de dopamina, neurotransmisor relacionado con lo placentero y con los centros de recompensa. Así, las personas más sensibles a este neurotransmisor son más propensas al consumo elevado de azúcar y a la dependencia de la misma porque, a través de la ingesta de azúcar, son capaces de compensar ese déficit.

Hipoglucemias

A menudo me encuentro gente que me dice que tiene hipoglucemias, pero les resulta algo normal, suelen decir: «siempre me ha pasado» y «he aprendido a vivir con ello».

Por la mañana, después de unas 8 horas de ayuno desde la cena del día anterior, tenemos un nivel de glucosa bajo y, si en este momento tomamos hidratos de carbono y proteínas de calidad como fruta, avena, pan bueno y grasas como frutos secos, aceite de oliva o aguacate, por ejemplo, haremos que la glucosa entre en la sangre lentamente gracias al aporte de proteína y fibra añadida al desayuno.

Sin embargo, si la elección del desayuno fuera galletas o cereales azucarados (cualquiera de los que venden en los supermercados) con zumo de naranja o café con azúcar, este azúcar se absorbe muy rápidamente en la sangre y provoca un pico glucémico que, como decía anteriormente, mejora el humor y el estado de ánimo momentáneo porque eleva los niveles de energía, pero después de un rato, los niveles de glucemia bajan rápidamente y se produce lo que se conoce como «hipoglucemia».

Las oscilaciones glucémicas provocan un mayor desajuste nervioso; cuando pasa esto, al cerebro le llega menos glucosa y produce síntomas neurológicos como irritabilidad, temblores, mareo, ansiedad, fatiga, confusión, agresividad, agotamiento, y también aumentan las ganas de volver a comer algo dulce, fumar o tomar un café, algo que nos vuelva a estimular. Si volvemos a tomar dulce en este momento, comenzaremos otra vez una nueva crisis, la glucosa volverá a subir de forma desproporcionada y el páncreas producirá otra descarga de insulina para intentar reducir la cantidad de glucosa en la sangre, por esto vuelve a producirse el «bajón de azúcar».

¿Cómo desengancharse del azúcar?

Sustituir el azúcar por edulcorantes no sirve de nada, simplemente el cambio es una estrategia para ir reduciendo poco a poco la cantidad de azúcar añadido a los alimentos e ir recuperando el sabor natural de los mismos. Aquí te doy una serie de pautas que te pueden ayudar:

·🔆· SOLUCIONES

- No restrinjas calorías, come según tus necesidades.
- Toma siempre productos frescos (frutas, verduras, legumbres, arroz, carne, pescado, frutos secos, etc.).
- Toma grasas buenas en cada comida (aguacate, aceite de oliva virgen extra, frutos secos o semillas, etc.), esto te hará sentir más saciado y te quitará las ganas de comer tanto dulce.
- Es importante saber que los antojos suelen desaparecer después de 20 minutos.
- No te preocupes, cuando consigas estar unos 5-7 días sin comer azúcar, los antojos desaparecerán.
- Reducir los azúcares no significa eliminar todos los hidratos de carbono, puedes tomar arroz integral, legumbres, frutas, patata, avena, etc.
- El sueño reduce los antojos de azúcar, duerme entre 6 y 7 h diarias y asegúrate de que sea un sueño reparador.

Es importante recalcar que la toma de azúcar esporádica en un producto que lo contenga no causará ninguno de estos síntomas, aunque, si eres propenso a la adicción al azúcar, ten cuidado porque, si te despistas, te puede llevar de nuevo al ciclo de la ingesta-necesidad de azúcar.

CAPÍTULO 6

El ayuno intermitente

El ayuno, como su propio nombre indica, consiste en no comer durante un número continuado de horas y después comer de forma normal durante las horas restantes del día.

Esto no es ninguna novedad, es algo que se ha hecho siempre, incluso los animales, cuando están enfermos, deciden no comer; nosotros, sin embargo, adquirimos la costumbre (que se convierte en obligación o hábito) de que «hay que desayunar», «hay que picar algo entre horas», «hay que...». Cualquiera que haya visto anuncios en la televisión sabe que «hay que desayunar para tener energía», eslogan que se ha convertido en un gran negocio para la industria alimentaria porque nadie gana dinero cuando ayunas. Pero uno de los grandes beneficios del ayuno es que nos sentimos con más energía, porque aumenta la adrenalina. Somos una sociedad «agotada», andamos de un lado a otro «como pollo sin cabeza» y, si ayunamos, nos vamos a sentir mejor.

Otro beneficio muy importante es la «autolimpieza» del aparato digestivo. Durante el ayuno, se activa un proceso de limpieza periódico, cuya función es barrer y limpiar el intestino de los restos procedentes de la digestión, por lo que ayuda a mejorar las indigestiones, los gases, la hinchazón y el sobrecrecimiento bacteriano.

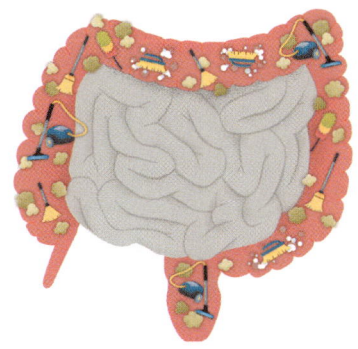

Cuando comemos, nuestro sistema digestivo produce unas contracciones que hacen avanzar los alimentos poco a poco a través del tubo digestivo, para que vayan siendo digeridos y absorbidos los nutrientes. En periodos de ayuno, mínimo entre 2 y 4 horas después de haber comido, es cuando se producen en el intestino delgado unas contracciones o movimientos denominados «complejo motor migratorio», que ayudarán a nuestro intestino delgado a deshacerse de bacterias y de restos de alimentos de la digestión anterior. Así los expulsan hacia el intestino grueso para que el delgado quede lo más limpio posible; de lo contrario, las bacterias tendrían alimento suficiente en el intestino delgado como para subsistir, reproducirse y colonizar la mucosa intestinal, produciendo así sobrecrecimiento de bacterias en intestino delgado.

El periodo de ayuno nocturno será el más eficiente, puesto que es el periodo de limpieza más largo durante el día.

Estas ondas de «autolimpieza» dejan de funcionar en cuanto se come un alimento, por lo que, para personas que sufren problemas intestinales, es mejor dejar periodos de unas 4 horas de ayuno entre una comida y otra, para favorecer estos movimientos y estimular la limpieza intestinal. Muchos pacientes me suelen decir «Si no tuviera que comer, me encontraría mucho mejor», porque, tras las comidas, es cuando empiezan a encontrarse mal de nuevo, aunque habría que individualizar cada caso.

Es importante que este sistema funcione bien porque, además, el tipo de composición bacteriana de tu intestino, es decir, si tienes más bacterias malas que buenas, te hará sentir menos saciedad y más hambre, ya que las bacterias beneficiosas incrementan la producción de péptidos saciantes capaces de informar a nuestro cerebro sobre cuándo parar de comer; en cambio, las bacterias perjudiciales inhiben la secreción de estos péptidos, por lo que tendremos más hambre. En resumidas cuentas, las bacterias malas nos harán engordar.

Pero los beneficios del ayuno no terminan aquí:

Beneficios

Autofagia, refuerza el sistema inmune	Mejora la sensibilidad a la insulina	Ayuda en enfermedades neurodegenerativas como el alzhéimer
Reduce triglicéridos en sangre	Retiene la masa muscular en pérdida de peso	Reduce marcadores de inflamación
Aumento del metabolismo	Mejora el humor y la depresión	Disminuye la ansiedad

Durante el ayuno, se activa un proceso de limpieza periódico en el intestino que elimina los restos de comida y posibles bacterias

Un mito muy típico es afirmar que el ayuno reduce el metabolismo. Esto se dice porque lo asociamos a las dietas hipocalóricas, con las que pasamos hambre, sentimos menos energía, estamos cansados. Lo que ocurre es que nuestro cuerpo, ante esta situación, conserva la energía y deja de quemar calorías para mantenernos en movimiento.

Sin embargo, esto no ocurre después del ayuno, sino todo lo contrario. Nos referimos siempre a ayunos de corta duración, con los que la especie humana ha sobrevivido a los periodos de carencia cuando no se disponía de comida y, aun así, tenía fuerza para seguir cazando y recolectando alimentos. Nuestros depósitos de grasa serán los primeros en quemarse durante estos periodos de ayuno, de hecho, ahí están, para ser utilizados cuando no dispongamos de alimento. Estamos diseñados para adaptarnos al ayuno.

En cambio, un ayuno prolongado de varios días sí ralentizará el metabolismo, al igual que una dieta hipocalórica prolongada en el tiempo. Sin embargo, las dietas hipocalóricas son mundialmente recomendadas, pero el ayuno no.

Hay personas que piensan que el ayuno provoca una bajada de azúcar en sangre, pero como sucede durante el ayuno nocturno diario, el organismo lo tiene todo controlado y empieza a descomponer glucógeno en el hígado para proveer de glucosa. Una vez que se agotan las reservas –después de unas 24-36 h de ayuno–, el cuerpo empieza a fabricar glucosa a través de la gluconeogénesis, usando el glicerol, un compuesto derivado de la descomposición de las grasas. Solemos oír que las células cerebrales solo pueden utilizar glucosa como energía, pero esto no es del todo cierto, pues el ser humano puede utilizar cuerpos cetónicos como fuente de combustible que nos proveen de la energía necesaria en periodos de ayuno. ¿Te imaginas qué pasaría si fuese cierto que el cerebro solo puede utilizar glucosa como energía? ¿Qué pasaría con nosotros si no hubiésemos comido en 24-36 h? Nos hubiésemos extinguido hace tiempo.

No es necesario comer con frecuencia para mantener la glucosa en la sangre; no es un trabajo del que debas preocuparte tú, tu cuerpo está diseñado para ello. Incluso, hay evidencias de que el ayuno intermitente ayuda a mejorar la sensibilidad a la insulina. Quizá, las personas con hipoglucemias sí serían las que podrían beneficiarse de comer más veces al día, aunque no hay pruebas al respecto. Por eso, es mejor individualizar los casos.

Otro mito es que el ayuno quema masa muscular, y esto tampoco es cierto, pues solo pasaría si tus depósitos de grasa fueran tan bajos que el cuerpo no tuviera otro recurso al que acudir y empezase a utilizar las reservas de proteína y músculos para convertirlos en glucosa. Hazte a la idea de que ni los deportistas de élite, que tienen poquísima grasa, llegan a esos niveles en un ayuno de unas cuantas horas. Esto solo podría darse en ayunos prolongados de aproximadamente más de 3 días.

Tipos de ayuno intermitente

Probablemente ya estés realizando un tipo de ayuno de forma inconsciente, que sería el relacionado con las horas de sueño.

Existen diferentes tipos de ayuno:
- **12/12**: ayuno de 12 h seguidas e ingesta ordenada dentro de las 12 h restantes
- **14/10**: ayuno de 14 h seguidas e ingesta ordenada dentro de las 10 h restantes
- **16/8**: ayuno de 16 h seguidas e ingesta ordenada dentro de las 8 h restantes
- **24 h**: ayuno de 1 día completo (cada cierto tiempo, no de forma regular)
- Algunas personas ayunan hasta 3 días seguidos

 **SOLUCIONES**

Los que yo suelo recomendar más son:
- **El ayuno de 12 h**: es muy fácil de hacer y tiene muchos beneficios, pues, entre otros, incrementa las bacterias buenas. Bastaría con cenar a las 21.00 h y desayunar a las 9.00 h. Este ayuno se puede hacer todos los días.
- **El ayuno de 16 h**: puedes hacer la última comida del día sobre las 17.00 h de la tarde y no comer nada hasta el día siguiente, por ejemplo. Este ayuno lo recomiendo o bien 1 vez a la semana —aunque no es necesario— o si algún día sales a comer y te encuentras más lleno, porque estimularás el proceso de limpieza, como he explicado antes, y al día siguiente tendrás mejor digestión y sensaciones.

IMPORTANTE: después del ayuno, no hay que hacer ninguna dieta especial al día siguiente, simplemente comer bien y de acuerdo con tus necesidades, tal y como venimos explicando en todos los capítulos anteriores.

¿Qué ingerir durante las horas de ayuno?

- agua, a la que puedes añadir limón, lima, frambuesas, menta, etc. (para darle sabor)
- agua de mar
- té verde/matcha u otros
- infusiones
- café natural (ni mezcla ni torrefacto) , al que puedes añadir aceite de coco
- caldo de huesos, sopas de verduras (solo tomar el líquido)
- en ningún caso añadir azúcares o edulcorantes

Aunque no es frecuente debido a las pocas horas que dura el ayuno, si eres de esas personas que sienten sensación de mareo, que suele ser debido a la deshidratación, puedes utilizar agua con sal y limón para no deshidratarte. A veces, pasamos de tomar una dieta con gran cantidad de sal a no tomar nada, y esto puede provocar dolor de cabeza. Si tienes la tensión alta y tomas medicación, consulta con tu médico.

Mi consejo: si tienes hambre, come 5 veces al día, si no, no hace falta que te fuerces, igual la ingesta de media mañana y la merienda te sobran.

Sensación de hambre

Lo que más suele preocuparnos del ayuno es el hambre. ¿Sabes que si desayunas cada mañana a la misma hora siempre tendrás hambre a esa misma hora?, igual ocurre con la comida o la cena, es como si nos volviésemos hambrientos justo a una hora determinada, pero te das cuenta de que no es hambre intrínseca porque, si logras dejar pasar un rato, muchos decimos «se me ha pasado la hora de comer y se me ha quitado el hambre».

La industria nos ha «obligado» a hacer 5 comidas al día, pues no le sale a cuenta que no desayunemos o que no merendemos, quitar una supone vender un snack menos. Son muchas las personas que tienen muy interiorizado que hay que comer 5 veces al día, aunque no se tenga hambre. La mala noticia para ellos es que aumentar la frecuencia de las comidas incrementa el hambre y esto hace que, al final, se acabe ingiriendo mayor cantidad de calorías diarias.

Además, el hambre social está ahí, lo celebramos todo comiendo, ya sea un partido, una reunión, una boda, un día especial, un aperitivo; hay un bar en cada esquina, con lo que controlar las comidas se hace aún más complicado. En realidad, cuando llega la hora de la comida, empezamos a salivar como los perros del experimento de Pavlov, quien comprobó que los animales salivaban solo con oler y ver la comida o incluso solo con ver a la persona encargada de alimentarlos. Incluso comprobó que, si tocaba una campana e inmediatamente después daba de comer a los perros, al cabo de un tiempo acabarían asociando la campana a la comida. Pues lo mismo nos pasa a nosotros; cuando vemos que es la hora de comer, aunque no tengamos realmente hambre, empezamos a salivar, porque nuestro cerebro asocia el reloj a una hora determinada con la comida. También, los continuos anuncios de comida unidos a que todo lo asociamos con comer nos hace más difícil resistirnos a no hacerlo si no tenemos hambre.

Si eres de los que come según el reloj o si comes por asociación a alguna situación del tipo comer helado o palomitas por las noches mientras ves la televisión y no según el hambre real, y quieres dejar este hábito pero no sabes cómo, puedes empezar cambiando los intervalos o las horas a las que comes normalmente; te costará unos días acostumbrarte, pero ya no tendrás más una respuesta condicionada a una hora o situación concretas.

«Si quieres resultados distintos, no hagas siempre lo mismo.»
ALBERT EINSTEIN

Particularmente, como he comentado antes, uno de los ayunos que suelo recomendar es el de unas 16 h; no es complicado, pero sí requiere una adaptación. Si no lo has hecho nunca, es conveniente que empieces por el de las 12 h y vayas sumando horas poco a poco, según avanzan los días.

El ayuno que considero más interesante es el de 12 h, hacerlo a diario es fácil y no supone esfuerzo. Pero si a ti no te va bien, tampoco es imprescindible hacerlo. Sería algo así como cenar a las 20.00-21.00 h y desayunar a las 8.00-9.00 h de la mañana, como mínimo.

Estoy segura de que este pequeño esfuerzo ayudará mucho a tu digestión, al proceso de «autolimpieza» del que hablábamos, y probablemente veas cambios en cuanto al hambre continua o ansiedad, mayor saciedad y bienestar nocturno. Yo siempre recomiendo hacer cenas ligeras por las noches y cenar al menos dos horas y media antes de irse a la cama, pues ayuda a descansar mejor.

Puedes tomar sin problema fruta en la cena, así como legumbres o los alimentos con almidón resistente de los que hemos hablado en páginas anteriores, pero sí recomiendo que esta comida sea poco abundante, aproximadamente algo más de la mitad de la ingesta que una comida de mediodía. Pueden existir excepciones, todas las recomendaciones no valen para todo el mundo, por lo que acude a un nutricionista para que te individualice tus pautas si piensas que este consejo no se ajusta a tus necesidades.

Es importante que las personas que tengan alguna enfermedad como, por ejemplo la diabetes, consulten con un profesional antes de realizar algún tipo de ayuno; lo mismo ocurre con las mujeres embarazadas o en periodo de lactancia, pues no sería un buen momento para practicarlo.

Las personas que no deberían hacer ayunos son:

· **personas que estén muy por debajo de su peso**

· **embarazadas**

· **lactantes**

· **personas con trastornos de la conducta**

· **personas que se mediquen de forma permanente**

· **personas que padezcan diabetes** (el ayuno mejora las hipoglucemias, pero en este caso con control profesional)

· **personas que padezcan reflujo gastroesofágico y gastritis crónica** (estas personas necesitan comer más a menudo para calmar la acidez del estómago, por lo que, hasta que no mejoren o desinflamen la mucosa gástrica, no sería una buena idea)

Es importante recalcar que el ayuno no causa anorexia, la anorexia nerviosa es un trastorno de la conducta alimentaria por el que las personas que lo padecen perciben su cuerpo con sobrepeso y esto las lleva a ayunar. Pero el ayuno no causa que una persona tenga una percepción distorsionada de su peso.

En cuanto al ejercicio físico y el ayuno, creo que es mejor personalizar el caso concreto de cada persona y ver cómo adaptarlo. Te recomiendo que, si no estás seguro de si esta práctica del ayuno y el ejercicio te van bien o no lo has hecho nunca, busques consejo profesional antes de hacerlo.

La parte más difícil del ayuno es, como todo, empezar; a partir de aquí, todo es más sencillo. Es una práctica totalmente gratuita y en la que ganas, sobre todo, salud. Olvídate ya de buscar trucos para adelgazar, mi objetivo, después de que leas este libro, es que te des cuenta de que todo influye en nuestra salud y no quiero que hagas un ayuno intermitente solo con el objetivo de adelgazar, sino por los beneficios que obtendrás y, si no quieres hacerlo, no lo hagas. Tampoco es imprescindible ni tiene beneficios para todo el mundo. Es solo una herramienta más entre muchas.

Ten en cuenta que tu predisposición a hacer algo es más importante que el propio hecho de hacerlo. Si vas a hacer un ayuno pensando que no te funcionará o que es una tortura más, seguro que no te funcionará. Además, no todos somos iguales, puedes hacer lo que mejor te vaya.

CAPÍTULO 7

Las dietas

En este capítulo vamos a tratar dos tipos de dietas. La primera de ellas, la dieta de los Big MAC, sería la alimentación ideal para tener una mayor diversidad microbiana y que nuestras bacterias buenas crezcan y se desarrollen adecuadamente para así reportarnos todos los beneficios que veremos a continuación.

La otra es la dieta baja en hidratos de carbono fermentables o FODMAPS, útil a fin de controlar los síntomas gastrointestinales recurrentes como dolor abdominal, plenitud, hinchazón, gases, diarreas o náuseas, que padece hasta un 30 % de la población en países occidentales y que, además, son el motivo de gran parte de las consultas de atención primaria. La dieta FODMAPS no sería una dieta ideal, solo nos serviría para aliviar la sintomatología del paciente mientras se busca la causa del problema y se trata.

La dieta de los Big MAC

No existen dietas milagrosas para la microbiota, porque, aunque esta responde enseguida a los cambios, el mantenimiento en el tiempo de un patrón dietético adecuado es la clave para que se traduzca en beneficios en nuestra salud.

Nuestras bacterias necesitan comer y lo que más les gusta son los hidratos de carbono procedentes de:

- **Los MAC** (hidratos de carbono accesibles a la microbiota) contenidos en la fibra alimentaria. Se encuentran en diversos vegetales, como la fruta, la verdura, las legumbres y los cereales de grano entero, que son fermentados por la microbiota.
- **La capa mucosa que recubre el intestino,** que no debería constituir su principal alimento en absoluto, porque funciona como una barrera protectora intestinal importante para mantener alejados a los microorganismos patógenos. Si no damos de comer a nuestras bacterias buenas, tendrán que recurrir a comer de la mucosa intestinal, lo que podría poner en peligro nuestra capa protectora y, por tanto, nuestra inmunidad. Por eso es muy importante el consumo de los MAC.

Veamos un ejemplo práctico:

Si desayunamos un zumo de naranja (sin pulpa) con pan blanco y jamón, nuestras bacterias empezarán el día prácticamente en ayunas, porque esos alimentos tienen ninguno o muy pocos MAC. Si continuamos con una hamburguesa con patatas fritas o unos espaguetis, nuestras bacterias se habrán saltado una comida más. Y si luego cenamos un sándwich con lechuga y pavo, nuestras bacterias habrán ingerido poca comida a lo largo del día, por lo que se empezarán a alimentar de nosotros mismos.

Empezarán a consumir los hidratos de carbono necesarios de nuestra mucosa intestinal y esta cada vez se hará más finita y estará cada vez más degradada según van pasando los días. Esto supone un riesgo para nuestro sistema inmunitario, que entrará en estado de alarma e inflamará el intestino como contrapartida.

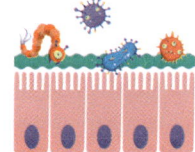

mucosa intestinal sana

mucosa intestinal deficiente

El consumo de MAC contribuirá a que la microbiota sea más diversa, siempre y cuando el menú que obtengan nuestras bacterias no sea siempre el mismo, lo que permitirá que prosperen diferentes tipos de microbios.

El tipo de MAC que se consuma determinará la clase de microbios que compondrán la microbiota. Por ejemplo, si se consume abundante cebolla en la dieta, rica en inulina, se harán más abundantes los microbios necesarios para fermentarla. Si no comes fibra fermentable, tendrás más ganas o ansiedad por comer alimentos que proporcionen energía rápida, como los azúcares o los alimentos procesados, porque no dispondrás de esa fuente de energía que producen los ácidos grasos de cadena corta y necesitarás una fuente de energía externa.

Fuentes de fibra fermentable, entre otras muchas:

- frutas
- verduras
- legumbres
- cereales integrales...
- manzana
- pera
- ajo
- cebolla
- garbanzos

Además, también se incluyen en esta lista los almidones resistentes, que ahora están muy de moda; son la suma del almidón y los productos procedentes del almidón que no son digeridos en el intestino delgado, pero sí fermentan totalmente en el colon.

El almidón más interesante es el que se produce tras el enfriamiento de los almidones habituales, como el arroz o la patata; es decir, para obtener este tipo de fibra, primero hay que cocerlos, enfriarlos un tiempo suficiente y después se pueden volver a recalentar a temperatura no muy alta; con esto conseguimos que la absorción de este tipo de hidratos de carbono sea menor (véase el capítulo 4). Por tanto, mi consejo es que te unas a la dieta del Big MAC, basada en tomar hidratos de carbono complejos procedentes de la fruta, la verdura, las legumbres y los granos integrales: son los MAC (hidratos de carbono accesibles para la microbiota) y es el tipo de fibra fermentable.

Los MAC son el alimento del que se nutren nuestras bacterias intestinales, por tanto, cuanto más rica sea nuestra dieta en MAC, mayor diversidad de bacterias intestinales tendremos y mayor beneficio para nosotros, pues el desarrollo del sistema inmunitario depende de nuestras bacterias, además del control no solo de enfermedades inflamatorias intestinales, sino también del sobrepeso, ansiedad, diabetes... Por ello, es absurdo pensar que la fruta, las legumbres o las verduras te hagan engordar, quien dice esto no

entiende cuál es el funcionamiento de la microbiota intestinal.

Lo que comemos determina qué microbios nutriremos, cuáles se multiplicarán con mayor rapidez y, por tanto, cuáles serán más abundantes.
¿Cómo habría que complementar el hecho de primar el consumo de estos MAC? Solo es cuestión de añadir a nuestras comidas estos tipos de fibra, por ejemplo, se deberían tomar siempre verduras en la comida y la cena, tomar 2 o 3 frutas a lo largo del día, un puñadito de frutos secos crudos o tostados a diario, y comer legumbres al menos 2 días a la semana.

Las recomendaciones actuales de ingesta de fibra oscilan entre 20 y 38 g al día, con una relación entre fermentable y no fermentable de 3/1. También es importante recalcar que, igual que es muy necesario el consumo de fibra a diario, no es recomendable excederse, pues cantidades de fibra superiores a las recomendadas pueden generar deficiencia de minerales como el calcio, el hierro o el zinc, porque la fibra podría impedir su absorción.

¿Cuáles son los beneficios que aporta comer MAC? ¿Cómo influye su consumo en la microbiota?
Un beneficio de comer MAC es que generan ácidos grasos de cadena corta y

esto hace que nos sintamos más saciados durante más tiempo, de modo que ingerimos menos calorías al final del día. Es decir, la producción de ácidos grasos de cadena corta a partir de una fruta o una ensalada que nos acabamos de comer es posible que nos haga sentir lo suficientemente satisfechos para lograr resistirnos a comer una galleta o tomar otro tipo de postre.

¿Para qué tipo de personas sería adecuada esta dieta? ¿Y para qué personas no sería aconsejable?

Este tipo de dieta es adecuada para todo el mundo, lo único que, quizá, personas con alguna enfermedad inflamatoria intestinal, hinchazón, gases, eructos..., deberán evitar este tipo de alimentos altamente fermentables, pero en estos casos se hará durante el mínimo tiempo posible y haciendo una reintroducción adecuada para no perder bacterias beneficiosas, mejor con un control profesional.

Otro punto importante de una dieta sana y beneficiosa para la microbiota es el consumo de carne en pequeñas cantidades (una ración de carne de 100 a 125 g de peso neto), sobre todo carne roja (según la OMS se considera carne roja la carne muscular de los mamíferos, incluyendo carne de res, ternera, cerdo, cordero, caballo y cabra). Según las nuevas

guías de la Sociedad Española de Nutrición Comunitaria, el consumo de carne será de un máximo de 2 a 3 veces por semana y priorizando las piezas magras y de animales de pasto o aves criadas en libertad.

No es bueno comer mucha carne roja, porque tiene una sustancia química, la L-carnitina, que la microbiota intestinal puede convertir en trimetilamina y, tras su oxidación, se convierte en un compuesto denominado «trimetilamina N-óxido». Una elevada concentración de trimetilamina N-óxido incrementa el riesgo de enfermedad cardiovascular.

Los patrones dietéticos a largo plazo afectarán a la capacidad de la microbiota para producir este compuesto, las personas que consumen menos carne producen menos trimetilamina N-óxido cuando la comen, posiblemente porque, en su intestino, no tienen tantas bacterias productoras de trimetilamina. Como no podemos conocer cuánta cantidad de bichitos productores de trimetilamina tiene nuestra microbiota, lo más seguro es que limitemos el consumo de carne roja y, como dice la SENC, la consumamos solo de manera ocasional.

Otro factor esencial para mejorar nuestra microbiota intestinal es el consumo de microorganismos buenos o probióticos a través de la alimentación. Podemos ingerir bacterias beneficiosas, como las que se encuentran en todos los alimentos fermentados, como los yogures, el kéfir, las verduras fermentadas como el chucrut, los encurtidos...

Puede ser que no todos los alimentos fermentados nos sienten bien, de hecho, nuestra microbiota es tan particular como el tipo de probiótico que nos vaya bien.

Es cierto que, cuando se empieza a incrementar la fibra, los MAC, en la dieta, puede producirnos un incremento de gases o flatulencias, pero poco a poco la microbiota se va adaptando a la nueva situación.

Si te molestan la hinchazón y los gases al hacer un cambio de dieta, lo mejor es que vayas incrementando la fibra poco a poco, empieza con la mitad de cantidad y ve aumentando progresivamente hasta que tu microbiota «deje de quejarse» y se haya adaptado.

Siempre hay que observar cómo nos encontramos ante un cambio de alimentación e ir ajustándonos tan despacio como necesitemos.

A veces la adaptación puede llevar semanas o incluso meses, lo importante es que, cuando lleguemos al punto óptimo de consumo de fibra, lo mantengamos, así ya habremos conseguido cambiar nuestras bacterias intestinales por unas bacterias productoras de salud a largo plazo.

Otra situación diferente es que estos gases o hinchazón no se deban al incremento de fibra en la dieta. En este caso, necesitarás ayuda de un profesional para que te oriente sobre qué tipo de pruebas debes hacerte y te paute un tratamiento adecuado, para no dejar de comer buenos alimentos como la fibra y dejar morir (de hambre) a nuestras bacterias buenas.

En los análisis de heces de microbiota intestinal que hacemos en la consulta, podemos saber qué tipo de microbiota tiene cada persona y cómo podemos potenciarla. Por ejemplo, investigaciones recientes sugieren que un tipo de bacterias llamadas *Prevotella* son las predominantes en dietas donde abundan los vegetales y es importante tener una cantidad adecuada de este tipo de bacterias.

La dieta baja en FODMAP

No es la dieta más recomendable, pero en ocasiones nos vemos en la obligación de seguir tratamientos que, siempre durante el menor tiempo posible, mejoren los síntomas hasta que la mejoría nos permita volver poco a poco a comer de todo.

Las siglas de esta dieta corresponden a los siguientes conceptos:

F O D M A P	FERMENTABLES
	OLIGOSACÁRIDOS
	DISACÁRIDOS
	MONOSACÁRIDOS
	& (AND)
	POLIOLES

Esta es una dieta baja en hidratos de carbono fermentables, que producen sintomatología digestiva en personas con hipersensibilidad visceral, en la que vamos a limitar en una primera fase:

Oligosacáridos:

Fructanos y fructooligosacáridos (FOS):

- Fructanos: presentes en trigo, centeno, cebada (galletas, cereales de desayuno, pasta, cuscús), pistachos, cebolla, ajo, puerro, alcachofas, guisantes, lentejas, garbanzos, melocotón, sandía, caqui, chirimoya, etc.
- FOS en forma de inulina (prebiótico): se añaden a alimentos como barritas energéticas, salsas, bebidas, laxantes (para aumentar el contenido de fibra).
- Galactanos: legumbres como garbanzos, alubias, soja, nueces, repollo.
- Café: un café contiene FODMAP del tipo de los galactanos; estudios recientes han demostrado que 1 taza de café puede contener 1,3 g de FODMAP de media, por lo que, multiplicados por

varias tazas de café y sumados al resto de galactanos o FODMAP del día, podría provocar síntomas gastrointestinales en personas sensibles.

Disacáridos:

Lactosa (formada por glucosa y galactosa): presente en leche humana, leche animal, yogur, helados, quesos blandos, postres, algunos medicamentos, etc.

Monosacáridos:

- Fructosa: presente de forma natural en frutas, verduras, miel y como aditivo en productos diet o light, bebidas gaseosas, zumos; muy utilizada por su gran poder como edulcorante, además de barata, en su forma de jarabe de maíz alto en fructosa.
- El consumo de fructosa de forma artificial (en forma de edulcorante como el añadido a las tan consumidas bebidas gaseosas) se ha incrementado significativamente en la población y se ha asociado a efectos nocivos para la salud, como la alteración de la sensibilidad a la insulina, la diabetes de tipo 2 y la malabsorción de fructosa tan común ahora en nuestra sociedad.

Polialcoholes:

Son alcoholes derivados del azúcar como sorbitol, manitol, maltitol, xilitol, isomaltosa, etc. Los encontramos en muchos alimentos procesados en forma de edulcorante, como caramelos, chicles, helados, chocolate, pasteles, productos light, diet o zero. También en la pasta de dientes o los enjuagues bucales.

· El sorbitol lo podemos encontrar en frutas como manzana, aguacate, moras, cerezas, peras, pasas, ciruelas.

Los FODMAP se absorben con dificultad en el intestino delgado y suelen acumularse en la porción distal del intestino delgado y la proximal del intestino grueso, siendo así susceptibles de fermentación por la microbiota intestinal. Al no ser absorbidos y por su alta capacidad osmótica (atraen agua), provocan un desequilibrio de los fluidos, alteran el peristaltismo normal, producen distensión, dolor abdominal y deposiciones con poca consistencia.

Al ser rápidamente fermentables, son el alimento ideal para las bacterias tanto buenas como malas. El resultado de la fermentación es la presencia de gas con la consiguiente distensión.

Este tipo de dieta (FODMAP) cuenta con respaldo científico en el tratamiento de:

- sobrecrecimiento bacteriano
- síndrome del intestino irritable
- enfermedades inflamatorias intestinales como Crohn y colitis ulcerosa

Es aconsejable que la dieta FODMAP se mantenga un máximo de 6 a 8 semanas, después se procederá a la reintroducción de alimentos eliminados de forma aislada para poder identificar la tolerancia individual de cada grupo de alimentos. De esta manera, el paciente será capaz de identificar qué alimento puede causarle problemas y en qué cantidad será bien tolerado.

Puede ser que un paciente sea capaz de tolerar la cebolla si está cocinada y en poquita cantidad, pero no sea capaz de tolerar la cebolla cruda en una ensalada, aunque la cantidad sea mínima.

FASES	
	Alimentación baja en FODMAP
	Fase de reintroducción
	Alimentación según tolerancia

FODMAP			
	OLIGOSACÁRIDOS (FRUCTANOS Y GOS)	+ FRUCTOSA QUE GLUCOSA	POLIOLES (SORBITOL Y MANITOL)
FRUTA		Mango, frutas deshidratadas, manzana, zumos, pera, plátano maduro	Pera, ciruelas (frutas con hueso como manzana), sandía, mora, aguacate
VERDURA	Ajo, cebolla, puerro, alcachofa	Alcachofas, espárragos	Champiñón, setas, coliflor
CEREALES	Trigo, cebada, centeno		Maíz dulce fresco en lata
LEGUMBRES	Garbanzos	Guisantes	
FF. SS.	Pistachos, anacardos		
DULCES	Pasta, galletas, dulces, biscotes...	Miel, jarabe/sirope de maíz, kétchup, salsa barbacoa	Caramelos, dulces «sin azúcar», chicles...

Es importante que un nutricionista/dietista ayude a planificar este tipo de dietas y explique cuál será el método y los tiempos de reintroducción de los alimentos, sobre todo si se trata de pacientes que requieren una atención nutricional especial, como los niños, las embarazadas o las personas que sufran enfermedades crónicas.

Recuerda que todas las personas no son iguales, habrá alimentos que una persona tolere perfectamente y otra no, por lo que es importante llevar una dieta totalmente personalizada.

Una herramienta útil es elaborar un diario dietético en el que deberás apuntar todo lo que comes y cuál es la sintomatología y la intensidad que experimentas después de cada comida, así como el aspecto y el color de las heces, para poder evaluar cuál es la evolución de los síntomas.

Alternativas bajas FODMAP		
CEREALES, TUBÉRCULOS	FRUTA	VERDURA
Quinoa Trigo sarraceno Arroz Patata Espelta Avena Mijo	Kiwi Papaya Frambuesas Naranja Mandarina Pomelo Piña Arándanos Melón	Calabacín Calabaza Judías verdes Acelgas Tomate Espinacas Canónigos Rúcula Brotes verdes Apio

CAPÍTULO 8

¿Qué y cómo hay que comer?

Recapitulando toda la información que hemos ido viendo, sacamos la conclusión de que, cuando nos alimentamos, estamos, a la vez, alimentando a los cientos de billones de microbios que habitan en nuestro intestino. Por tanto, podríamos afirmar que realmente «no somos lo que comemos» sino que «somos lo que absorben nuestras bacterias», porque son ellas las que van a transformar estos alimentos en productos beneficiosos para nosotros.

· frutas
· verduras
· legumbres
· cereales integrales
· frutos secos
· aceite de oliva y de coco
· cacao
· café
· té

Alimentos que no pueden faltar en tu alimentación

En este apartado repasaremos los grupos de alimentos más importantes que forman parte de una alimentación equilibrada que nos debe aportar salud.

FIBRAS Y GRASAS VEGETALES
Nuestras bacterias se alimentan, sobre todo, de fibras y grasas vegetales como las que se encuentran en los siguientes alimentos:

ALIMENTOS DE ORIGEN ANIMAL
Y en menor medida, aunque también, las bacterias necesitan alimentos procedentes de los animales:

· carne
· pescado
· huevo
· lácteos fermentados

ALIMENTOS FERMENTADOS

Como he explicado en el apartado de los prebióticos, es importante incluir en nuestra ingesta alimentos fermentados como los siguientes:

· Yogur
· Kéfir
· Quesos
· Kéfir de coco y de agua
· Encurtidos como aceitunas, pepinillos, piparras, etc.
· Vinagre de manzana
· Cacao (o un chocolate con más del 85 % de cacao)
· Tempeh
· Natto (fermentado elaborado a partir de habas de soja, contiene *Bacillus subtilis*, un probiótico que ayuda al sistema inmunitario; en Japón, se suele tomar con arroz)
· Kombucha (bebida a base de té obtenida de la fermentación de una colonia simbiótica de bacterias y levaduras llamada «scoby», que tiene un sabor entre dulce y ácido; entre los ingredientes se encuentra el azúcar en una cantidad muy limitada, esto sirve para alimentar las bacterias y levaduras saludables que permiten la fermentación, pero no te las tomas tú; esta bebida se tiene que tomar no pasteurizada para que los microorganismos permanezcan vivos y activos en el intestino)
· Kimchi (col china fermentada muy parecida al chucrut, solo que picante; se prepara mezclada con especias, zanahoria, cebolla, guindilla, jengibre, pimientos rojos, salsa de pescado)
· Miso (elaborado con soja, cebada o arroz fermentado con apariencia de pasta; es conocido por la famosa sopa de miso que suele servirse en todos los restaurantes japoneses; la pasta nunca llega a cocerse para no perder propiedades, sino que se añade al final para disolverse)

ALMIDÓN RESISTENTE

Como hemos visto en el apartado de los prebióticos, la simple técnica del cocinado el día anterior disminuye el índice glucémico del alimento y, por tanto, el alimento no se almacenará como glucógeno en el hígado en forma de reserva energética, algo que a una persona sedentaria le podría provocar un aumento de los triglicéridos y una acumulación de grasa.

Sin embargo, si eres deportista y necesitas obtener energía rápida, quizá ambas técnicas son adecuadas para ti y, en algunos casos, necesitas comer el almidón recién cocinado, porque tendrá un índice glucémico mayor y así podrás aumentar tus reservas para gastarlas durante el ejercicio.

Alimentos ricos en almidón resistente:

- legumbres (guisantes, lentejas, garbanzos, judías blancas)
- arroz
- patata
- yuca
- boniato
- trigo
- centeno
- trigo sarraceno
- tapioca
- avena
- plátano verde (no maduro), plátano macho

Cantidad de almidón resistente por alimento:

- copos de avena: 4,4 g (= ½ taza en crudo)
- lentejas: 2,5 g (= ½ taza cocinadas)
- guisantes ultracongelados: 4 g (= 1 taza cocinados)
- judías blancas: 3,7 g (= ½ taza cocinadas)
- plátano verde mediano: 4,7 g
- patata cocida y enfriada: 5,8 g (por cada 100 g)
- patata al horno y enfriada: 19,2 g (por cada 100 g)

Lo que comemos va a tener un papel fundamental en el mantenimiento de la diversidad y el correcto funcionamiento de toda nuestra microbiota. Aunque esta es completamente capaz de adaptarse a los cambios, deberíamos ponérselo fácil. Por eso, es importante no hacer dietas restrictivas en frutas, legumbres o verduras (si no es por un motivo justificado) o dietas que no velen por la salud intestinal, porque de esta manera, las bacterias protectoras podrían morir de hambre y aún no sabemos cuáles podremos recuperar y cuáles no.

Cuando comes muchos productos ultraprocesados (bollería industrial como magdalenas, bizcochos industriales, galletas, bebidas refrescantes, harinas refinadas, azúcares, zumos, etc.), pierdes la diversidad microbiana y será más fácil que proliferen las bacterias malas, lo cual se traducirá en peor salud hormonal, más enfermedades autoinmunes, ansiedad, dolores de cabeza, desconcentración, dolores musculares, articulares...

¿CÓMO SE INCORPORAN ESTOS ALIMENTOS A LA DIETA DE LOS NIÑOS?

Es normal que los niños rechacen nuevas elaboraciones, trata de tener paciencia y de aplicar las siguientes pautas:

CONSEJOS

- Habrá que hacer un cambio paulatino, tendremos que darle a probar el plato varias veces hasta que acabe por gustarle.
- La perseverancia es importante a la hora de crear un hábito.
- También es fundamental que los niños vean que los padres disfrutan de lo que comen y, además, es útil contarles cuáles son los beneficios de comer de manera sana.
- Cocinar con ellos. Si les gusta cocinar, siempre será más fácil que disfruten de una buena alimentación y así ser capaces cuando vayan creciendo de hacer mezclas diferentes. La monotonía a la hora de comer es un fallo muy común. Es bueno educar a los niños en que la cocina es algo divertido y a la vez fundamental.

Esto no significa que en algún momento no puedas comerte una galleta o un helado, por ejemplo. Si el consumo de alimentos ultraprocesados no corresponde a tu patrón de alimentación, no influirá en la función de la microbiota, ya que, aunque la microbiota cambie con cierta facilidad, será la mayor parte de tu alimentación la que determine tu diversidad microbiana.

Ejemplos de menús

A continuación quiero darte algunos ejemplos de cómo combinar los alimentos en menús equilibrados.

DESAYUNO

Es el mejor momento para introducir fibra en el cuerpo. Aunque ya hemos hablado en otros capítulos de que el desayuno no es algo imprescindible, sí es cierto que el «des-ayuno» significa romper el ayuno, ya sea a las 8.00 h de la mañana o a las 14.00 h de la tarde. Yo

recomiendo que, si alguien no quiere desayunar pronto, no lo haga. Lo que sí es importante es la ingesta de líquido (agua, infusión, té o café) durante la mañana y más aún si estás trabajando o realizando alguna actividad.

El desayuno es el momento donde más se suele meter la pata, porque tenemos unos patrones equivocados y acostumbramos tomar bastante azúcar y harinas refinadas procedentes de galletas, bollos u otros procesados.

Te propongo unas cuantas ideas para desayunos variados:

- tostadas con mantequilla y mermelada casera
- tostadas con crema de frutos secos (crema de almendras, avellanas, sésamo, etc.) y plátano aplastado o manzana asada u otras frutas
- tostadas con aguacate y pipas de calabaza
- tostadas con aguacate, queso y anchoas o sardinas
- tortitas caseras (véanse recetas) con crema de frutos secos y fruta
- fruta con yogur natural, chocolate >85 % y frutos secos
- fruta con crema de frutos secos

- crema de frutos secos con zanahoria
- gachas de avena (véase receta) con fruta
- huevo revuelto con aguacate y tomate
- tostadas con aceite de oliva virgen extra y semillas de cáñamo
- tostadas con aceite de coco y frutos secos
- hummus de garbanzo o de alcachofas con zanahoria y fruta
- muffins caseros (véase receta)

- fruta y/o frutos secos
- fruta y/o chocolate >85 %
- hummus de garbanzos o de verduras con zanahoria
- fruta, jamón ibérico y queso
- tostada de aguacate con queso fresco
- yogur natural con fruta y canela
- yogur natural con chocolate >85 %
- zanahorias y tomates cherry
- castañas asadas
- caldo de verduras y/o de pollo o pescado
- muffins caseros (véase receta)
- huevo duro y tomate con aceite de oliva virgen extra
- mejillones, berberechos, anchoas, sardinas, boquerones
- gachas de avena (véase receta)
- fruta con crema de frutos secos
- crema de frutos secos con zanahoria

El pan siempre debe ser de calidad (véase cómo encontrar un pan de calidad en el siguiente capítulo).

MEDIA MAÑANA Y MERIENDA

Lo primero que tengo que decir es que las comidas a media mañana y la merienda no son ingestas imprescindibles en absoluto. Solo se deben hacer si sentimos realmente la necesidad de comer a estas horas, si no, no hay por qué. Es otro de esos momentos del día en los que peores elecciones de alimentos solemos hacer.

Aquí van algunos ejemplos de comidas a media mañana y merienda, muy parecidos o iguales al desayuno:

ALMUERZO Y CENA

Siempre se debería comer una ración de unos 200 g de verduras acompañadas de proteína animal o vegetal (carne, pescado, pollo, pavo, huevo, legumbres, arroz, quinoa, mijo...).

Recomiendo tomar legumbres al menos 2 veces a la semana. Las legumbres se consideran tanto proteína como hidrato de carbono. De todos los hidratos de carbono (legumbres, arroz, quinoa, pasta...), recomiendo priorizar las legumbres, sobre todo, y después el arroz o los pseudocereales como el trigo sarraceno o la quinoa. La pasta integral recomiendo tomarla una vez a la semana como máximo. Hay otros hidratos de carbono mucho más interesantes nutricionalmente hablando que se pueden consumir en lugar de la pasta de trigo.

Se puede consumir pan integral en las comidas, entre 1 y 2 rebanadas de pan con las comidas, pero no es obligatorio. Es decir, para llenar el plato con la porción necesaria de hidratos de carbono, no hace falta añadir el pan, ya que otro tipo de fibra, más variada, cumple la misma función, como las legumbres, el arroz integral, la quinoa o los vegetales.

Se puede tomar fruta de postre en el almuerzo o la cena, siempre que no exista alguna contraindicación. A veces no sienta bien porque nos llenamos tanto que comer algo adicional hace que la digestión sea más lenta y pesada. Además, con intolerancia a la fructosa o el sorbitol, introducir fruta después de las comidas puede suponer un problema por exceso de hidratos de carbono fermentables entre verdura, legumbre y fruta.

Aunque parece obvio, el estómago no tiene dientes, por lo que, si esa acción de masticar no la haces tú mismo, ya estarás empezando mal la digestión, ya sabes que todo el proceso empieza en la boca.

Despensa: cómo elegir los alimentos y leer las etiquetas

¡Atención! Lee los ingredientes de las etiquetas y activa tu detector de mentiras.

HIDRATOS DE CARBONO

Verduras: hay que intentar que sean de temporada y de proximidad. Lo ideal es que se consuman dos raciones diarias de verdura (en el almuerzo y la cena, unos 200-250 g en cada comida).

- Que no te falten nunca en la nevera 1 o 2 tomates, cebolla, canónigos, lechuga o rúcula y calabacín, brócoli o coliflor, para hacer o bien una ensalada, o bien un puré, una verdura hervida, al horno o al vapor de forma muy rápida. De todas formas, puedes comprar la verdura que más te guste e ir variando y descubrir sabores nuevos.
- Las verduras congeladas son también una buena opción para emergencias (las puedes encontrar en cualquier supermercado).
- Los purés de verduras puedes hacerlos y congelarlos e ir consumiéndolos a lo largo de la semana.

- Si tienes poco tiempo, te recomiendo comprar los estuches de silicona en los que puedes cocinar las verduras en 5 minutos aproximadamente.

Tubérculos y raíces: patatas, boniato, zanahoria, puerro, ajo, jengibre.

- Lo ideal es cocinar las patatas o los boniatos y dejarlos enfriar una noche entera en la nevera para obtener almidón resistente, de forma que el índice glucémico será más bajo y se convertirá en fibra buena para tus bacterias (véase el capítulo 4).
- La cantidad recomendable de patata o boniato es de 100-150 g al día, de 1 a 3 veces a la semana. Depende de la persona y el ejercicio físico que se realice.
- Si padeces trastornos digestivos como reflujo, náuseas y vómitos, o también dolores de garganta o trastornos respiratorios, te resultará beneficioso tomar infusiones de jengibre: compras la raíz del jengibre (la venden en todas las fruterías), la pelas, la cortas en láminas y la congelas en una bolsita de congelado. Así, siempre la tienes a mano cuando la necesites y evitas que se estropee en un par de días.
  - El proceso es el siguiente: una vez que tienes tu bolsita en el congelador con las láminas de jengibre, sacas 2-4 láminas y las hierves unos minutos en agua con un chorrito de limón (opcional) y listo para tomar.

Frutas: siempre conviene tener piezas de fruta a mano para que sea la primera opción a la hora de «picar algo» y, sobre todo, es importante que estas sean de temporada y de proximidad.

- Cantidad: 2-3 piezas de fruta al día. 1 ración = 120-200 g.
- **Las frutas deshidratadas** (arándanos secos, orejones, uvas pasas, etc.) son una buena opción para añadir a alguna ensalada o postre en vez de cualquier endulzante o edulcorante. La cantidad adecuada sería una cucharada sopera al día como máximo.

Edulcorantes: se pueden consumir en pequeñas cantidades con la pretensión de reducir tanto la ingesta de azúcar como de los propios edulcorantes y volver a recuperar los sabores propios de los alimentos sin enmascararlos.

- El más recomendable es la **estevia**: aunque son las hojas frescas o secas de estevia las que realmente han demostrado beneficios para la salud, si no tenemos acceso a ellas, para elegir una buena estevia, esta debe tener al menos un 98 % de glucósidos de esteviol entre sus ingredientes.
  - Es cierto que la estevia a altas temperaturas (horno) puede dejar un sabor amargo; en este caso, mejor utilizar sucralosa o miel cruda en pequeñas cantidades.
  - Se puede adquirir en herbolario.

- Si no te gusta la estevia, la siguiente mejor opción sería la **sucralosa** o el **eritritol**.
- Se han puesto de moda los **polialcoholes** (para identificarlos en las etiquetas, son los terminados en –ol, como el xilitol, manitol, lactinol, sorbitol, eritritol). Son un tipo de hidrato de carbono presente de manera natural en ciertas frutas, plantas o corteza de los árboles y de sabor dulce. Muchas personas son susceptibles a los polialcoholes y pueden presentar problemas intestinales (como diarreas, gases con olor, hinchazón abdominal) con su consumo, por lo que, en caso de síntomas intestinales sería mejor evitar este tipo de edulcorantes. El eritritol es el que menos problemas intestinales podría provocar dentro de los polialcoholes. Cantidad: la mínima posible.

  Azúcar: en principio, siempre se debería evitar.
- Tanto la panela como el azúcar de coco, el azúcar de caña integral, el azúcar moreno, sirope de agave, la melaza, etc., tienen un 98 % de azúcar en su composición, por lo que, si se sustituye el azúcar refinado por alguna de estas clases de azúcar, debe hacerse con la consciencia de que estamos igualmente consumiendo azúcar, aunque con algún mineral más añadido, que no aportará beneficios.

Nombres bajo los que se esconde azúcar en las etiquetas:

- siropes (sirope de agave)
- almíbar
- azúcar de dátil, moreno, de caña, uva, glas, de coco
- caramelo
- cebada de malta
- concentrado de jugo de frutas, jugo de manzana
- cristales de caña de azúcar
- cristales de florida
- dextrano, dextrosa
- fructosa
- galactosa
- glucosa
- jarabe de arroz, maíz, malta, refinado
- jugo de caña
- néctar
- sacarosa
- melaza
- miel
- panela

PAN

harina integral de
trigo/espelta/centeno...

PASTA

sémola de trigo duro
integral 100 %

Pan: conviene escoger un pan integral o de grano entero. Para ello, comprueba que el primer ingrediente sea harina integral de trigo, de centeno o de espelta.

- No te fíes del color del pan, que sea oscuro no quiere decir que sea integral o que lleve otro cereal que no sea el trigo. Normalmente, le añaden salvado para darle ese color marrón.
- Mejor comprar el pan en una panadería de confianza o hacerlo tú mismo en casa (te dejo una receta riquísima en el apartado de «recetas»).
- Evita el pan blanco o elaborado con harinas refinadas.
- **No es pan integral si** en el envase pone «pan integral» o «tostadas integrales» pero el primer ingrediente es «harina de trigo y salvado».
- Es importante mirar las etiquetas y, si aparece «harina de trigo integral» en un porcentaje inferior al 75 %, esa no sería la opción ideal.

Pasta: he de decir que casi ninguna de las pastas identificadas en su envase como integrales lo son.

- **Es pasta integral si** en los ingredientes no aparece salvado, solo debe poner «sémola de trigo duro integral 100 %».
- Una buena opción para tomar pasta es comprarla 100 % de legumbres, puedes encontrar pasta de lenteja roja, de guisantes o de garbanzos.
- Para **celiacos**, son muy buena opción la pasta de trigo sarraceno, de arroz o de quinoa, y también, la pasta a base de legumbres.

Legumbres: cualquier legumbre que te guste es buena: garbanzos, lentejas, guisantes, habas, judías, soja, etc.

- Cantidad: cocinadas, 180 g por ración aproximadamente.
- Legumbres en bote: un recurso rápido y sano.
  · Suelen llevar en los ingredientes: legumbre, agua y sal.

ARROZ

arroz integral
de grano entero
(nada más...)

origen España
(menos arsénico)

CEREALES DE DESAYUNO

solo el cereal: maíz/trigo entero/quinoa inflada/
espelta integral/copos de avena/arroz inflado/
centeno integral... (nada más...)

Arroz: si quieres comprar un buen arroz, fíjate siempre que sea de origen España, porque tiene menos arsénico que los arroces procedentes de otros países y, además, es más sostenible.

- Es mejor comprar arroz integral (de grano entero), sobre todo si no consumes mucha fibra.
- Los ingredientes del arroz son fáciles de identificar porque no suelen tener nada añadido, en los ingredientes solo aparece «arroz integral» o «arroz».
- También se puede consumir el arroz blanco si tu consumo de fibra diario es suficiente; en este caso, uno muy recomendable es el arroz basmati.

Cereales de desayuno:

- Cereales aceptables son los Corn Flakes hechos a base de maíz y sin azúcares añadidos.
- Otra opción muy buena, además de rica, es utilizar como cereal de desayuno:
  · quinoa hinchada, arroz hinchado, amaranto hinchado, espelta hinchada, etc. (solo hay que abrir la bolsa y comerlos directamente, no necesitan ningún tipo de cocción). Se encuentran en supermercados en la zona dietética y en herbolarios.
- Cantidad recomendada: entre 30-40 g al día aproximadamente.

HARINAS

harina integral
de centeno/
avena/espelta...

[harina de legumbres o pseudocereales (quinoa/trigo sarraceno):
no tiene que ser «integral»]

Harinas: existen muchas más variedades de harinas más allá de la típica
harina de trigo de toda la vida:
- Harina de centeno integral, harina de
avena integral, harina de almendras,
harina de espelta integral, etc.
- Debe poner «integral» porque, de lo
contrario, significa que esa harina es
refinada o blanca.
  · En las harinas de legumbres, no
tiene que poner «integral».

PROTEÍNAS

Lácteos:
- Los mejores lácteos son los fermentados, como el yogur, el kéfir y el queso.

YOGUR O KÉFIR

leche
entera

leche en polvo
(en ocasiones...)

siempre «naturales»
nunca de sabores

máximo 5 gramos
de azúcar/100 ml

fermentos
lácticos

Yogur: para elegir un buen yogur, este
no debe llevar más de 2 ingredientes: leche entera y fermentos lácticos. No debes
comprar yogures con sabores, ni azucarados, ni edulcorados. Siempre mejor
comprar yogures naturales, sin ningún
añadido. Comprueba que no tengan
más de 5 g de azúcar por cada 100 ml,
cantidad que correspondería a la lactosa. Si tiene más de 5 g, probablemente
sea azúcar añadido.
- Para darle sabor, añádele tú mismo:
  · chocolate negro con más del 85 %
  de cacao

- fruta
- frutos secos
- canela de Ceilán (es dulce y se compra en herbolario)
- quinoa hinchada, espelta hinchada, centeno hinchado, etc.
- Los ingredientes que debe llevar un yogur:
  - Leche entera + fermentos lácticos
  - A los yogures griegos, a veces les añaden nata (no pasa nada, tienen más grasa, sí; si tienen buenos ingredientes son correctos, no tomar muy a menudo si no se hace deporte)
  - A veces les añaden leche en polvo para espesar (no pasa nada)

Leche de vaca:
- Siempre es mejor elegir una leche de vacas alimentadas con pasto y que sea lo más fresca posible.
- No haría falta tomar leche desnatada, es una leche más procesada y a la que se le ha quitado la grasa, un proceso que no es necesario porque, al final, sacia menos y la grasa no es mala (a no ser que te lo haya recomendado un profesional).
- El consumo de leche no es imprescindible, de hecho, los mejores lácteos son los fermentados como el yogur o el queso. Es importante saber que una cucharada de semillas de sésamo tostadas tiene el mismo calcio que un vaso de leche (véanse otras fuentes de calcio alternativas a los lácteos en el capítulo 4, donde se trata la intolerancia a la lactosa, pág. 81).

Leche de cabra u oveja: es más parecida a la leche humana que la leche de vaca y, por tanto, más digerible.

Kéfir de leche: tienes la opción de hacerlo tú mismo o comprarlo.
- Hay que elegir un kéfir que solo lleve leche entera y fermentos lácticos.
- Se puede adquirir en supermercados.

QUESOS

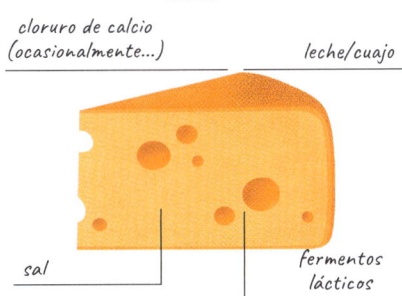

Quesos: los quesos, en general, suelen tener buenos ingredientes. Los que están hechos a base de leche de cabra u oveja son más fáciles de digerir.
- Evita comprar quesos desnatados, 0 %, etc. La grasa que tiene el queso es beneficiosa y proporciona mayor saciedad.
- Compra quesos que no hayan sido muy procesados, evita los quesos de untar, los quesos con sabor o los quesos con formas.

- Elige quesos frescos, tiernos, curados o semicurados.
- Cantidad: 1 ración de 40 g al día aproximadamente.
- Ingredientes: leche, cuajo, fermentos lácticos, cloruro de calcio (a veces lo llevan), sal.

Alternativas vegetales a los lácteos:

BEBIDAS VEGETALES

sal

cereal o fruto seco

agua

Bebidas vegetales: son bebidas de avena, almendras, avellana, soja, arroz, etc.
- No deben tener más de 4-5 g de azúcar entre sus ingredientes y es importante que tengan la mayor cantidad del fruto seco, legumbre (soja) o cereal posible.
  - Las bebidas vegetales más recomendables son las que se hacen a base de frutos secos (almendra, avellana, cáñamo, etc.), la de soja o la de coco.

- Las bebidas de cereales como el arroz o la avena tendrán mayor porcentaje de azúcar debido a la hidrólisis de los hidratos de carbono, que hacen que se liberen más azúcares. Si tienes resistencia a la insulina, escoge bebidas de frutos secos o de soja.
- Las bebidas vegetales no se consumen por la cantidad de nutrientes que contienen, solo como alternativa a los lácteos de vaca. Las proteínas se obtendrán de otra clase de alimentos.
- Cantidad: 200 ml al día aproximadamente.
- Ingredientes: agua, cereales o frutos secos (avena, almendra, avellana...), sal.

YOGURES VEGETALES

soja 99 % + fermentos activos o coco + 95 %

Yogures vegetales: son de soja, de coco, de almendras, sin azúcares añadidos.
- Tampoco deben tener más de 4-5 g de azúcar entre sus ingredientes y, por

ejemplo, deben estar hechos a base de soja (99 %) y fermentos activos o, a base de coco, un 95 % al menos.

· Deben ser siempre naturales, nunca con sabores.

Pescados: preferiblemente salvaje.

• Los más aconsejables entre los pescados azules son los de pequeño tamaño, como la sardina, el boquerón, la dorada, las anchoas, el arenque, los jureles

POBLACIÓN VULNERABLE

Mujeres embarazadas, planificando estarlo o en lactancia Niños 0-10 años	Especies con alto contenido en mercurio	Evitar consumo
	Especies con bajo y medio contenido en mercurio	3-4 raciones de pescado por semana Procurando variar las especies entre pescado blancos y azules
Niños entre 10-14 años	Especies con alto contenido en mercurio	Limitar el consumo 120 gramos al mes
	Especies con bajo y medio contenido en mercurio	3-4 raciones de pescado por semana Procurando variar las especies entre pescado blancos y azules

POBLACIÓN GENERAL

	Todas las especies	3-4 raciones de pescado por semana Procurando variar las especies entre pescados blancos y azules

ESPECIES

Especies con alto contenido en mercurio: pez espada/emperador, atún rojo (*Thunnus thynnus*), tiburón (cazón, marrajo, mielgas, pintarroja y tintorera) y lucio.

Especies con bajo contenido en mercurio: abadejo, anchoa/boquerón, arenque, bacalao, bacaladilla, berberecho, caballa, calamar, camarón, cangrejo, cañadilla, carbonero/fogonero, carpa, chipirón, chirla/almeja, choco/sepia/jibia, cigala, coquina, dorada, espadín, gamba, jurel, langosta, langostino, lenguado europeo, limanda/lenguadina, lubina, mejillón, merlán, merluza/pescadilla, navaja, ostión, palometa, platija, pota, pulpo, quisquilla, salmón atlántico/salmón, salmón del pacífico, sardina, sardinela, sardinopa, solla, y trucha.
Las demás especies de productos de la pesca no mencionadas específicamente se entenderán con un CONTENIDO MEDIO en mercurio.

Fuente: AECOSAN. Recomendaciones de consumo de pescado por presencia de mercurio (2019). Recuperado de: http://www.aecosan.msssi.gob.es/AECOSAN/docs/documentos/publicaciones/seguridad_alimentaria/RECOMENDACIONES_consumo_pescado_MERCURIO_AESAN_WEB.PDF

o la caballa, entre otros, y los pescados blancos.

- Los que más mercurio contienen son los de mayor tamaño, como el pez espada, el emperador, el atún rojo, el tiburón (cazón, marrajo, mielgas, pintarroja y tintoreta) y el lucio, así que mejor tomarlos menos a menudo y variar las especies con pescado blanco.
- Especies con bajo contenido en mercurio: abadejo, anchoa o boquerón, arenque, bacalao, bacaladilla, berberecho, caballa, calamar, camarón, cangrejo, cañadilla, carbonero, fogonero, carpa, chipirón, chirla o almeja, choco (sepia o jibia), cigala, coquina, dorada, espadín, gamba, jurel, langosta, langostino, lenguado europeo, limanda o lenguadina, lubina, mejillón, merlán, merluza o pescadilla, navaja, ostión, palometa, platija, pota, pulpo, quisquilla, salmón atlántico o salmón del Pacífico, sardina, sardinela, sardinopa, solla y trucha.
  · Niños entre 10 y 14 años: se recomienda limitar el consumo a 120 g al mes de las especies con alto contenido en contaminantes, y 3-4 raciones por semana de las especies con medio o bajo contenido, variando siempre entre blancos y azules.
  · Adultos: 3-4 raciones de pescado por semana, procurando variar las especies entre pescados blancos y azules.

- Otros productos que deben evitarse son el surimi y las gulas; lejos de estar compuestas únicamente por pescado, como las angulas, el sucedáneo barato de estas tiene en su composición otro tipo de ingredientes:
  · proteína vegetal, moluscos, aromas, potenciador del sabor (glutamato monosódico), estabilizantes, corrector de la acidez y tinta de calamar para pintar el sucedáneo.

PAVO O JAMÓN YORK

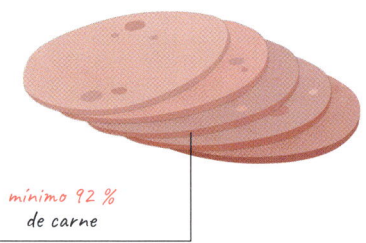

mínimo 92 % de carne

Carnes: preferiblemente, elegir carne de animales que no estén alimentados con piensos. Mi consejo es que compres en alguna carnicería de confianza.

- Si te gusta el fiambre de **pavo o el jamón york**, tienes que fijarte en que el porcentaje de carne sea de al menos un 92 %.
  · Es más fácil de encontrar en la charcutería que envasado, aunque también hay envasados aptos.

- Por otro lado, el **lacón**, que es la paletilla del cerdo curada como ocurre con el jamón, pero durante menos tiempo, es una buena opción.
  - Mejor adquirirlo en charcutería porque lo cortan directamente de la pata al momento.
- En cuanto al **jamón serrano, el lomo o la cecina**, siempre es mejor ibérico o escoger la pieza de la mejor calidad posible.
- El resto de los fiambres, como la mortadela, el chorizo, el salchichón, etc., es mejor evitarlos.

- Si empieza por:
  - 0. Producción ecológica
  - 1. Campera
  - 2. En tierra
  - 3. En jaulas
- Por ejemplo: 0ES31050374, sería un huevo ecológico.
- Lo ideal es elegir los huevos del 0 o del 1. Se venden en muchos supermercados.
- Puedes comer huevo todos los días, siempre y cuando no te hayan indicado lo contrario.

GRASAS

HUEVOS

ecológicos o camperos
según el primer dígito del n. impreso
en la cáscara

FRUTOS SECOS Y SEMILLAS

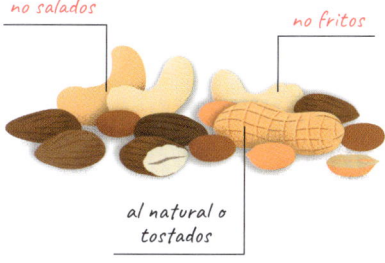

no salados

no fritos

al natural o
tostados

Huevos: si puedes, escógelos ecológicos o camperos. Para cerciorarte de que un huevo es ecológico, debes fijarte en el primer dígito que lleva impreso en la cáscara:

Frutos secos y semillas: nueces, almendras, avellanas, semillas de chía, semillas de cáñamo, de lino, de sésamo, de calabaza, etc.
- Siempre al natural o tostados, ni fritos ni salados.
- También son buena opción las cremas de frutos secos o semillas.

· Crema de sésamo, de girasol, de almendra, de avellanas, etc.
· En los ingredientes, solo deberían llevar el fruto seco o la semilla en sí, aunque algunos les añaden un poco de sal. Ningún ingrediente más.
· Es fácil de encontrar en herbolarios.
• Las semillas de sésamo o de chía es mejor consumirlas trituradas (en polvo) o remojadas en agua (1 cucharada de semillas por 3 de agua). Así absorberemos mejor los nutrientes y evitaremos el riesgo de que las semillas se claven en el intestino y nos hagan daño.
· Las semillas de chía necesitan un tiempo de remojo de 30 minutos.
· Las semillas de lino necesitan un tiempo de remojo de 6-8 h (una noche entera).

ACEITES:
en crudo y para cocinar

aceite de oliva virgen extra

aceite de coco virgen primera prensa en frío

Aceite de oliva virgen extra: tanto en crudo como para cocinar.

Aceite de coco: se puede utilizar tanto para cocinar como en crudo. Pero teniendo el aceite de oliva virgen extra español, utilizaremos este para cocinar y el de coco para repostería.
• Su sabor dulce y su textura hacen que sea perfecto para utilizarlo en recetas de repostería.
• Es importante comprar un aceite de coco que sea de primera prensa en frío:
· Ingrediente: aceite de coco virgen.
· Se puede encontrar fácilmente en supermercados o en herbolarios.
· Lee más abajo el anexo «Que no te asuste el coco» si tienes dudas sobre si el aceite de coco es recomendable o no.
• Conservación: a temperatura ambiente o en la nevera. Dura 1-2 años abierto sin problema.
• Cantidad: 1 cucharada de aceite de coco al día es suficiente. Aunque no hay por qué utilizarlo, recuerda que ningún alimento por sí mismo es imprescindible, porque es el conjunto de tu alimentación lo que te reportará beneficios.

CHOCOLATE

manteca de cacao

pasta de cacao

azúcar

mínimo 85 % cacao

vaina de vainilla

cacao magro

Chocolate:

- Si te gusta la leche chocolateada, tanto para un adulto como para los niños, elige cacao 100 % puro. Al principio, puedes mezclarlo; por ejemplo, media cucharadita de cacao puro y media cucharadita del cacao soluble que suelas utilizar. De esta manera, pronto os habréis acostumbrado tú y tus hijos al nuevo sabor y podrás sustituirlo por completo. Lo puedes encontrar en cualquier supermercado. También se puede utilizar para añadir en postres.
  - · Ingredientes: pasta de cacao, cacao magro, manteca de cacao, azúcar, vaina de vainilla.
- Si quieres comerlo como tableta, elige un chocolate que lleve al menos un 85 % de cacao.
  - · Yo no suelo recomendar el chocolate «sin azúcar», porque está lleno de edulcorantes que pueden causar síntomas digestivos, como gases o hinchazón. Además de que no sacia igual (véase el capítulo 5, sobre el azúcar).
  - · El azúcar que puede tener una tableta del 85 % sería de unos 15 g por cada 100 g de chocolate, por lo que, si consumes 1–2 onzas diarias, prácticamente no llegas ni a 1 g de azúcar, insignificante en tu dieta.
  - · Consumo: 1–2 onzas diarias.

CHOCOLATE CON LECHE, 45 % DE CACAO O MENOS	46-64 g azúcar por cada 100 g	(50-60 % de la tableta es azúcar)
CHOCOLATE 70 % DE CACAO	unos 29 g de azúcar por tableta de 100 g	(30 % de la tableta es azúcar)
CHOCOLATE 85 % DE CACAO	unos 15 g de azúcar por tableta de 100 g	(15 % de la tableta es azúcar)
CHOCOLATE 90 % DE CACAO	unos 7 g de azúcar por tableta de 100 g	(7 % de la tableta es azúcar)

Especias: canela de Ceilán, cúrcuma, pimienta, pimentón, azafrán, orégano, tomillo, etc.

- Cualquier especia es buena para dar sabor a tus platos.

BEBIDAS

agua natural
¡dale sabor con una raja de limón o menta!

agua con gas

kombucha

infusiones

té

soda

¡compra el grano entero y muélelo tú mismo!
café natural — no mezcla / no tostado

Bebidas buenas:

- Kombucha
- Soda
- Agua con gas
- Infusiones
- Té
- Agua con sabor: si te aburre el sabor del agua, puedes aromatizarla con una rajita de limón y una hoja de menta.
- Agua natural

Café: elige café natural. Los beneficios del café solo se atribuyen a esta variedad.

- Prueba a endulzar el café con canela. Si sueles utilizar azúcar, puedes ir bajando poquito a poco la cantidad hasta que te acostumbres al sabor.
  - Otra buena opción es añadir media cucharadita de aceite de coco con canela.
- Ojo con el café cappuccino, suele tener una media de 8 g de azúcar por cada taza.
- Evita el café de mezcla o torrefacto. Si miras sus ingredientes son: café + azúcar.
- Evita utilizar las cápsulas de café, aportan aluminio y plástico al medioambiente.

En resumen, que tu compra sea en su mayoría de alimentos que no lleven etiquetas, eso significa que son frescos. Los que lleven etiquetas que sean buenos procesados, como los yogures, los quesos, las conservas de legumbres o verduras, el chocolate negro, etc.

QUE NO TE ASUSTE EL COCO

Los cocoteros producen nutritivos frutos, con varias utilidades culinarias o para el cuidado de la piel. Un resultado de uno de los procesos a los que son sometidos los cocos es su aceite o manteca, veamos cuáles son sus propiedades.

- El aceite de coco tiene mala fama porque contiene aproximadamente un 94 % de grasas saturadas, pero lo importante es que gran parte de esa grasa saturada está formada por ácidos grasos o triglicéridos de cadena media. Estas grasas funcionan en el cuerpo de forma diferente a otros tipos de grasas saturadas, ya que los triglicéridos de cadena media viajan hasta el hígado, donde se transforman directamente en energía, con lo que no son almacenados en forma de grasa. Pueden ayudar a incrementar el colesterol bueno, aumentar el metabolismo y regular el apetito; algunos estudios científicos han demostrado una mejora de la función cerebral.

- Otra de las propiedades es la gran concentración de ácido láurico, concretamente más de la mitad de la grasa que contiene el aceite de coco. Se trata de un ácido graso presente también en la leche materna y que le confiere un poder antibiótico y antifúngico. Además, es el ácido graso que más ayuda a la combustión de la grasa corporal.

- El aceite de coco resiste muy bien los cambios de temperatura, por lo que no se oxida al calentarlo, no se vuelve tóxico y tiene un punto de humo superior a otros tipos de aceite, lo que lo convierte en una buena opción para los fritos; además, absorbe mucha menos grasa que con otras variedades de aceite.

- Para poder obtener todas las propiedades mencionadas, es fundamental la elección de un aceite de coco sin refinar; un aceite virgen prensado en frío es una buena opción. El término «virgen» haría referencia a que ese aceite no ha sido procesado; es un aceite de coco que no está blanqueado, desodorizado o refinado, por lo que tendrá una estructura cristalina o veteada. Esta denominación es la que mantiene mayor porcentaje de ácido láurico.

- Ojo, puedes encontrar el aceite de coco refinado e hidrogenado en productos como bollería, galletas, etc. De hecho, la mala fama del aceite de coco proviene de los estudios que se hicieron hace años con este tipo de aceite de mala calidad por sus grasas trans saturadas, no es el mismo aceite del que estamos hablando.

CAPÍTULO 9

Cuida tu cocina

Por Charo de Sisteré, prevencionista, profesora de Higiene Industrial, Seguridad y Ergonomía y psicosociología

Si el objetivo es tener una alimentación lo más saludable posible, también lo debe ser que esos alimentos no se contaminen con agentes químicos y biológicos en nuestras cocinas.

Recipientes de plástico

¿Se puede utilizar todo tipo de plástico para contener alimentos, congelarlos o calentarlos? La respuesta es no. Un requisito previo es comprobar que el recipiente tiene el símbolo internacional de la copa y el tenedor, que indica que los materiales que componen el producto se han concebido especialmente para entrar en contacto con productos alimentarios.

También deben observarse los símbolos referentes a si el material es apto para congelar, las temperaturas máximas y mínimas que puede soportar, etcétera.

Son indicaciones de uso del fabricante, cuyo incumplimiento puede hacer que migren partículas tóxicas a nuestros alimentos.

  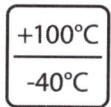

Google

¿Y qué partículas tóxicas pueden migrar?

Unos de los mayores peligros que podemos encontrar en plásticos destinados a comidas y bebidas son los ftalatos, grupo de sustancias sintéticas empleadas en su fabricación, y el bisfenol A, un aditivo de los plásticos que es un agente tóxico. Estas sustancias se consideran contaminantes hormonales o disruptores endocrinos; es decir, son sustancias sintéticas que actúan en el lugar de las hormonas y, al enviar señales equivocadas, alteran el funcionamiento del sistema hormonal, ocasionando daños en la salud. Algunas de las enfermedades asociadas a aditivos plásticos son: cáncer, enfermedad cardiovascular, diabetes, infertilidad, obesidad (de hecho, se considera uno de los obesógenos) y autismo, entre otras. Uno de los grupos más sensibles a esta exposición son los niños, por lo que la Comunidad Europea no lo permite en los productos para alimentación infantil.

Aunque la Agencia Europea de Sustancias y Mezclas Químicas (ECHA) ha reconocido el peligro que supone la exposición a bisfenol A, las autoridades europeas no llegan a prohibirlo totalmente, pero sí que, ante la presión científica, se ha reevaluado la sustancia con el paso de los años, la última vez en 2018, y el Reglamento de la UE marca límites mucho más bajos, lo cual debe alertarnos sobre sus posibles efectos negativos para la salud, ya que, actualmente, no existen suficientes datos comprobados sobre dosis completamente seguras. En algunos países, como Canadá, algunos estados de Estados Unidos y Francia, ya está prohibido su uso en todos los productos en contacto con los alimentos; en el resto de Europa, solo se prohíben los envases de alimentos destinados a la población infantil de menos de 3 años. Esperemos que el principio de precaución pronto sea extensible a todos los países y se prohíba totalmente.

Los envases de plástico están identificados por un pequeño número dentro de un triángulo formado por flechas, símbolo utilizado para el reciclaje, pero que nos indica también cuál es el material.

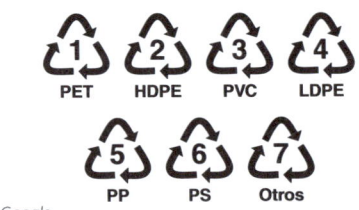

Google

El número 1 (PET o PETE), que suele corresponder a botellas que contienen bebidas, acumula bacterias fácilmente, por lo que sería seguro PARA UN SOLO USO y no se debe reutilizar. Tampoco se debe calentar nunca.

Los envases que presentan los números 3, 6 y 7 deben evitarse y, aunque en los códigos de identificación de resinas podemos encontrar el 2 (HDPE), el 4 (LDPE) o el 5 (PP) como los más seguros para reutilizar, lo mejor es aplicar el principio de prevención y evitar el plástico. En caso de no ser posible, sigue estas recomendaciones:

- **NO calentar comida dentro del táper.** Aunque el recipiente tenga el símbolo de que puede utilizarse en el microondas, piensa que, en el microondas, no se calienta la comida de forma homogénea y no puedes controlar bien la temperatura que se alcanza.
- **NO** dejar botellas de plástico al sol.
- Mantener el líquido en la botella el menor tiempo posible, una vez abierta.
- **NO** lavar los táperes en el lavavajillas.
- **NO** utilizar recipientes dañados, decolorados o deformados.

FILM TRASPARENTE

Es también plástico y, aunque se correspondería con un número 4 o 5 (uno de los tipos más seguros), al igual que las bolsas de plástico para conservar alimentos, no debe utilizarse para vapor, horno o microondas, en contacto directo con los alimentos.

Actualmente existe en el mercado mucha oferta de plásticos libres de bisfenol A, pero su elección no está exenta de polémica desde el punto de vista científico, ya que algunos de los estudios demuestran que no se libran de la condición de disruptores endocrinos o no se tienen los suficientes datos para que inspiren total seguridad.

Alternativas al plástico en la cocina:

Vidrio: el de borosilicato sería la mejor opción. Es un tipo de vidrio más duradero y con más resistencia (calórica y química). Es un vidrio que fabrican marcas comerciales que se pueden encontrar fácilmente en establecimientos de menaje o utensilios de cocina, en grandes superficies, etc.

Telas de algodón biológico

Papel y cartón (los reciclados también pueden contener bisfenol A)

Cerámica (que el fabricante señale que está libre de plomo y cadmio)

Acero inoxidable (18/10 o AISI 304): tiene en su aleación un 18 % de cromo y un 10 % de níquel. Es un material muy duro, resistente al desgaste y al calor, aunque hay que evitar las ralladuras para que no puedan desprender partículas de metal.

Se desaconseja su uso a las personas alérgicas al níquel.

Silicona platino: una variedad de silicona que utilizan empresas especializadas en productos de silicona y que se puede encontrar en comercios de artículos de cocina o en grandes superficies.

Madera: este material tiene el inconveniente de su porosidad, por lo que hay que extremar siempre la higiene y comprobar que no presente ningún deterioro.

Bambú: es un material más resistente y menos poroso que la madera. Es importante que no tenga barnices. Existen rollos de paños de bambú reutilizables.

Telas enceradas

Ahora ya sabemos que el problema del plástico no solo afecta a nuestra salud, sino a la de todo el planeta. Somos conscientes de que nuestros mares, océanos, tierras y todos los seres vivos somos víctimas de los plásticos. Si seguimos la regla medioambiental de reducir contaminantes, todos salimos ganando.

Afortunadamente, la Unión Europea prohibirá, en 2021, la venta de artículos de plástico de usar y tirar, como platos de un solo uso, cubiertos, contenedores de alimentos o tazas de polietileno, lo cual beneficiará a nuestra salud y a la de todo el planeta, pero todavía queda mucho camino por recorrer. No dejes de hacer lo que esté en tu mano.

Recipientes de aluminio

El aluminio es un metal que resulta un agente contaminante, tóxico para el organismo. En algunos países, ya está prohibido su uso para fines alimentarios. Aunque las investigaciones no dan una respuesta clara sobre el nivel de migración a los alimentos, en general, cuando hablamos de alimentos ácidos, como el limón o el tomate, por ejemplo, se constata la migración de partículas.

La EFSA (Agencia de Seguridad Alimentaria de la Unión Europea) indica que faltan investigaciones sobre el tema de la migración del aluminio a los alimentos y las consecuencias de este metal en el organismo, pero algunos estudios lo relacionan con enfermedades neurodegenerativas, por ejemplo, el alzhéimer.

Con respecto al papel de aluminio, conviene saber que las dos caras pueden resultar igual de tóxicas; el que una de ellas tenga brillo corresponde al proceso de fabricación, con lo que no hay una cara mejor que otra.

Alternativas al papel de aluminio:

Para papillote: papel vegetal de horno siliconado o sulfurizado (este último normalmente es de un solo uso, por lo que se desechará cuando cambie de color) o bolsas de papel sin blanqueantes, parafinas ni otros tóxicos.

Como envoltorio: bolsas libres de tóxicos, papel vegetal de horno siliconado o sulfurizado, bolsas de tela sin tintes, tela encerada (Bee´s Wrap), tapas de silicona o siliconas extensibles (la mejor elección es la silicona platino), bolsas de silicona platino.

Estas alternativas se pueden encontrar fácilmente en el mercado, por ejemplo, en grandes superficies o en tiendas especializadas.

Alternativas a los recipientes de aluminio:

- recipientes de vidrio. El vidrio de borosilicato es muy buen material para sustituir a los recipientes en el horno.
- recipientes de acero inoxidable 18/10
- recipientes de hierro
- recipientes de cerámica sin plomo ni cadmio

Sartenes y cazuelas

También pueden contener contaminantes del tipo de los disruptores endocrinos. ¿Dónde? Pues en algunos materiales antiadherentes de sartenes o cazuelas que contengan ácido perfluorooctanoico, sustancia que se utiliza para fijar el antiadherente al cuerpo del utensilio. Su uso está oficialmente prohibido en la Unión Europea desde 2017, pero el reglamento europeo establece una moratoria hasta el 2020 para este tipo de productos, por lo que, aunque al ácido perfluorooctanoico tiene los días contados, hay que tener en cuenta que el peligro estaría en que la capa de antiadherente estuviera en mal estado y quedara expuesta la capa más profunda de ácido perfluorooctanoico, por lo que las sartenes que se tengan en uso y que no presenten ningún deterioro se pueden seguir utilizando.

La medida preventiva por excelencia válida para todo tipo de sartenes y cazuelas es seguir las instrucciones del fabricante para su uso.

Alternativas a sartenes y cazuelas con elementos tóxicos:

- las de hierro
- las de acero inoxidable 18/10
- las que están reforzadas con partículas de titanio (que anuncian como «de titanio») son altamente resistentes

Son las mejores alternativas, porque son más resistentes y evitan mejor la migración de partículas a los alimentos. Otras opciones se rallan más fácilmente y pueden exponer partículas contaminantes o del cuerpo del utensilio, que muchas veces es de aluminio por ser un excelente conductor del calor.

Todos los contaminantes químicos nos afectan por dos factores: por la cantidad de contaminante a la que nos exponemos y por el tiempo de exposición. Aunque las cantidades de cada contaminante por separado estén consideradas como seguras en un determinado producto, hay que contar con la adición de los que existen en otros productos que también se consumen o utilizan. Esa suma a la que estamos expuestos sí puede superar con mucho la cantidad máxima admitida; además, hay que contar con las consecuencias para la salud de la asociación de diferentes contaminantes que, normalmente, no se conocen.

Agentes químicos

¿Dónde podemos encontrar posibles agentes químicos en la cocina?

LATAS DE CONSERVA

Pueden contener dosis de bisfenol A unido al recubrimiento interior de la lata, presentes en la capa blanca del interior, una resina cuya finalidad es prevenir la oxidación del metal. Aunque muchas marcas ya han eliminado el bisfenol A en sus latas, los nuevos recubrimientos podrían no ser del todo seguros o requieren más investigación.

Alternativa a conservas en lata: conservas en vidrio.

ALGUNOS ALIMENTOS

También se pueden encontrar contaminantes químicos en los propios alimentos, que resultan de los añadidos para su producción, como los pesticidas utilizados en la agricultura o residuos ambientales. Todos los productos vegetales deben lavarse bien antes de su consumo y, en caso de no proceder de agricultura ecológica, es conveniente, además, pelar los alimentos.

Entre los principales contaminantes químicos (metales pesados) presentes en el pescado, se encuentra el mercurio, en concreto el metilmercurio, que está presente en una gran parte de los productos del mar. Aunque se consuma en pequeñas cantidades, si el tiempo de exposición a este tóxico, en la dieta, es prolongado, puede afectar al sistema nervioso. La Agencia Española de Seguridad Alimentaria y Nutrición (AESAN), para prevenir una posible intoxicación, ha actualizado la guía de consumo de pescado y publicó en 2019 nuevas recomendaciones sobre la frecuencia de consumo (véase el capítulo 8, pág. 139).

Otro metal pesado contaminante es el cadmio, tóxico para el riñón. La Agencia Internacional de Investigación sobre el Cáncer (IARC) lo ha clasificado como un agente cancerígeno. La Agencia Española de Consumo, Seguridad Alimentaria y Nutrición (AECOSAN) recomienda limitar, en la medida de lo posible, el consumo de carne oscura de los crustáceos, localizada en la cabeza, para reducir su exposición, ya que es donde más

se acumula, unas 30 veces más que en el contenido de los apéndices, por lo que solo sería recomendable el consumo de la parte «blanca».

Agentes biológicos

Por agentes biológicos, nos referimos a hongos, bacterias, virus, etc., que pueden contaminar nuestros alimentos. Muchas de las bacterias que podemos encontrar en los utensilios de cocina son responsables de infecciones o enfermedades que afectan al aparato digestivo.

Algunos de los principales utensilios potencialmente contaminantes en este aspecto son:

Tabla de cortar los alimentos: es uno de los transportes de las bacterias y puede fomentar la contaminación cruzada, que se produce cuando alimentos ya cocinados entran en contacto con superficies contaminadas.

La tabla de plástico tiene los mismos riesgos de crecimiento bacteriano que otros materiales, más el añadido de las sustancias químicas, como los disruptores endocrinos, además de que, normalmente, se deterioran con mayor facilidad.

Alternativas:
· **Tabla de cortar de madera**: no entraña peligro siempre y cuando se mantenga la higiene necesaria, no

tenga deterioros o cortes que puedan ser nidos de microorganismos y, después de cada lavado (agua y jabón neutro), se seque muy bien. Sería recomendable disponer de al menos 2 para diferenciar carne o pescado de, por ejemplo, verduras...

· **Tabla de cortar de bambú**: son más resistentes y duraderas.
· **Tabla de vidrio templado**

Utensilios de cocina como cubiertos, espumaderas, espátulas, cucharones, etc.

Para evitar el riesgo, no utilizar el mismo utensilio en contacto con alimentos crudos y cocinados. Lavar con cada uso y dejar secar bien. Desechar en cuanto presente cualquier deterioro.

Alternativas a los utensilios de plástico:

· utensilios de madera
· utensilios de bambú
· utensilios de silicona platino
· utensilios de acero inoxidable
· cuchillos de cerámica

Paños de cocina, bayetas...: Pueden ser fuente de formación o propagación de bacterias. ¿Cómo podemos reducir los riesgos?

· Tener separados los paños de las zonas donde se produce manipulación de alimentos crudos o cocinados.
· Uso de un paño exclusivo para secarse las manos.
· Cambiar el paño todos los días.

· Evitar la humedad y no reutilizarlos cuando tengan algún resto de comida.

Estropajos, esponjas o cepillos:

· Sustituir en algunas ocasiones de mayor riesgo (por ejemplo, para manipular carne o pescado en la encimera) por papel de cocina y siempre con un consumo responsable con el medioambiente, sin derroches.
· Lavarlos bien después de retirar algún resto de comida (no es suficiente con enjuagarlos).
· Después de cada uso, aclarar bien, escurrir lo máximo posible y dejar secar.
· Cambiarlos de forma esporádica, siempre con un consumo responsable, sin esperar a que estén completamente deteriorados.
· Tener varios, uno para cada uso y guardarlos en sitios distintos.
· Además del lavado después de cada uso, como se ha mencionado, una vez al día, puedes meter el estropajo (que no tenga ninguna partícula metálica) en un bol apto para microondas con agua y limón, bien sumergido y calentar a potencia máxima durante 1 o 2 minutos. Luego escurre y deja secar.
· Una opción sostenible a los estropajos y cepillos hechos con plásticos,

son los vegetales hechos de luffa, de fibra de coco o de bambú.

En los propios alimentos, también se pueden encontrar contaminantes, causa de infecciones o intoxicaciones. Algunos de ellos:

Huevos, aves crudas o alimentos elaborados a temperatura ambiente durante varias horas: alimentos que pueden contener *Salmonella*.

Medidas preventivas:
· No lavar los huevos
· No utilizar huevos rotos, sucios, con plumas o heces
· El interior de las aves debe de alcanzar los 65 °C en el cocinado

Carne de vaca cruda o poco hecha, productos frescos crudos, zumos de fruta sin pasteurizar o agua contaminada: alimentos que pueden contener *E. coli*.

Medidas preventivas:
· Cocinar bien la carne de vaca
· No consumir leche cruda o agua no potable
· Lavar muy bien los vegetales que se vayan a consumir crudos

Alimentos refrigerados, leche cruda, conservas o ahumados, quesos frescos, alimentos de carne de vaca, pollo o pescado listos para su consumo: alimentos que pueden contener *Listeria monocytogenes*.

Medidas preventivas:
· No almacenar mucho tiempo los vegetales, incluso en el frigorífico
· Limpiar muy bien las superficies de uso y los utensilios en contacto con alimentos crudos
· Mantener el frigorífico con una correcta higiene

Una mención especial merecen los productos de la pesca procedentes del mar (pescado o cefalópodos por su peligro de contaminación biológica), ya que, si no se trata de congelado industrial, se debe elegir una técnica de cocinado que proporcione, como mínimo, 60 grados en la parte más interna del alimento. Si no están suficientemente cocinados o se toman crudos, existe peligro de parasitosis, en este caso anisakiasis. La infestación humana se produce por la ingestión de larvas que contienen los pescados infestados. Si se ingiere pescado congelado industrialmente, no existe riesgo de contraer la enfermedad.

Para prevenir la anisakiasis en el consumo de pescado fresco, basta con congelarlo previamente a su toma. Desde 2018, AECOSAN (Agencia Española de Seguridad Alimentaria y Nutrición) aconseja la práctica de la congelación en los hogares, en frigoríficos de tres estrellas o más, manteniendo el producto a una temperatura mínima de -20 °C durante al menos cinco días.

Leyenda

🚫	sin lácteos	🚫	sin edulcorantes
🚫	sin gluten	🚫	sin harina
🚫	sin azúcar	🚫	sin huevo

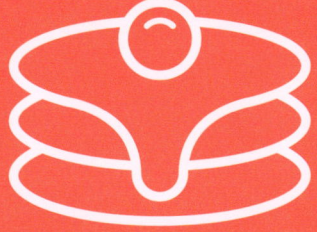

Desayunos y meriendas

Porridge de avena

Ingredientes

200 ml de bebida vegetal sin azúcar

4-5 cdas. de copos de avena (*sin gluten para celiacos)

canela de Ceilán

1-2 onzas de chocolate en tableta con más del 85 % de cacao (opcional) o con frutos secos

Preparación

1. Vierte la bebida vegetal en un cazo y ponlo a fuego alto hasta que empiece a hervir.

2. Baja el fuego a la mitad, añade los copos de avena y dale vueltas con una cuchara de madera hasta que espese (¡no dejes de remover para que la mezcla no se pegue!). Coloca las gachas de avena en un bol, ralla chocolate con un cuchillo afilado para esparcirlo por encima y... ¡listo!

Tortitas sin harina

 **1 persona**

(unas 3 tortitas)

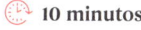 **10 minutos**

*

Ingredientes

1 huevo entero (*sustituible por 1 cda. de semillas de chía o lino y 3 cdas. de agua, se deja 30 minutos en reposo hasta que se haga un gel)

1 plátano (sustituible por 80 g de calabaza o zanahoria asada)

2 onzas de chocolate con un 85–92 % de cacao

1 cdta. de aceite de coco o de oliva

tahina (crema de sésamo), como relleno

Preparación

1. Aplasta el plátano con un tenedor, bate el huevo y mézclalos bien.
2. Vierte la mezcla en una sartén o una crepera engrasada previamente con aceite y dales vuelta y vuelta.
3. Funde el chocolate con 1 cucharadita de aceite de coco en el microondas durante 1 minuto y medio.
4. Sirve las tortitas con el chocolate fundido y con un poco de tahina y... ¡listo!

Tortitas de avena

 1 persona

(5-6 tortitas pequeñas)

 10 minutos

Ingredientes para 1 ración

1 huevo entero

1 manzana asada mediana (sustituir por 1 plátano
o zanahoria asada 100 g)

20 g de copos de avena (sin gluten para celiacos)
(se puede utilizar también harina de lo que
queráis)

Canela al gusto

Chocolate fundido:

1–2 onzas chocolate >85 %

¼ cdta. aceite de coco

Preparación

1. Se pela y corta la manzana en trocitos y se pone en un plato, se mete al microondas sin tapar, 2 minutos a 750 W.
2. Se añade canela a la manzana asada (déjala atemperar un poco).
3. Se mezcla todo, la manzana asada, el huevo y los copos de avena en la batidora de mano.
4. Se pone un poco de aceite de oliva o de coco en la sartén o a la crepera.... y, vuelta y vuelta.
5. Pon el chocolate y el aceite de coco en un bol y métalo en el microondas 1 minuto a 750 W.

Brownie

 **6 personas**

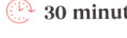 **30 minutos**

 *

Ingredientes

1 plátano maduro grande o 2 pequeños (sustituible por 130 g de calabaza o zanahoria asada o 2 manzanas golden asadas)

20 g de harina o copos de avena (sin gluten para celiacos), o la harina que queráis

1 huevo (*opcional)

150 g de avellanas (o cualquier fruto seco o crema de frutos secos)

2 cdas. de cacao puro o 3 onzas de chocolate

un puñado de nueces para decorar

1 cdta. de levadura en polvo

Para la cobertura de chocolate:

½ cdta. de aceite de coco o de oliva

2-4 onzas de chocolate con un 85-92 % de cacao

Preparación

1. Precalienta el horno a 180 °C, con calor arriba y abajo.
2. Con una batidora eléctrica, tritura las avellanas hasta que quede una crema. Añade el cacao en polvo y tritura de nuevo.
3. Ahora agrega a la mezcla la harina, la levadura, el huevo (opcional) y el plátano, y sigue triturando.
4. En un mortero aparte, pica las nueces para decorar y resérvalas.
5. Forra un molde de bizcocho con papel de horno para evitar que la masa se quede pegada al molde. Añade la mezcla al molde y después las nueces picadas a modo de decoración. Hornea durante 15-20 minutos a 180 °C, vigilando que no quede demasiado cocido.
6. Una vez terminado el horneado del brownie, puedes añadirle una cobertura de chocolate. Para derretir el chocolate, pon las onzas de chocolate y el aceite en un bol y mételo 1 minuto al microondas hasta que se derrita. Cubre el brownie con el chocolate derretido.

Conservación: 2-3 días en nevera.

Mermelada casera de frambuesas y arándanos

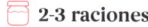 **2-3 raciones**

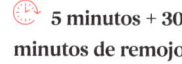 **5 minutos + 30 minutos de remojo**

Ingredientes

un puñado de frambuesas
un puñado de arándanos
½ cdta. de aceite de coco (opcional)
½ cda. de semillas de chía (opcional)
agua
limón

Preparación

1. Añade a las semillas de chía y 1 cucharada y media de agua en un bol y déjalo reposar durante 20-30 minutos.
2. Pon en un bol (apto para microondas) 10-12 frambuesas y/o arándanos y 1 o 2 cucharaditas de agua y mételo en el microondas hasta que las frambuesas queden deshechas.
3. Mezcla las semillas de chía y las frambuesas deshechas, déjalo enfriar y... ¡listo!

Conservación: añade un chorrito de limón a la mezcla, hiérvelo 5 minutos y, mientras esté caliente, deposita la mermelada en un tarro de cristal, cierra bien el bote y ponlo bocabajo durante 10-15 minutos, espera a que se enfríe y mételo en el congelador.

Mantequilla de frutos secos

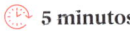 **8-10 raciones**

 5 minutos

Ingredientes

300-400 g de frutos secos tostados o crudos: avellanas, sésamo, almendras, nueces, anacardos...

1 cda. de aceite de oliva virgen extra o de coco (si tu batidora no es muy potente)

Preparación

1. Bate los frutos secos en una batidora hasta obtener una crema, y... ¡listo!

Crema de chocolate y avellanas casera

 **3-4 raciones**

 5 minutos

Ingredientes

3 cdas. de crema de avellanas (en herbolarios: ingredientes avellana y sal) o véase la receta de crema de frutos secos

½ aguacate maduro

4-5 onzas de chocolate en tableta con un 85-92 % de cacao

Preparación

1. Aplasta el aguacate con un tenedor y mételo en el vaso de la batidora junto con la crema de avellanas.
2. Derrite el chocolate 1 minuto y medio en el microondas o en un cazo en el fuego.
3. Añade el chocolate al vaso de la batidora y tritura todo junto y... ¡listo!

Conservación:
2-4 días en la nevera.

Bollito de plátano con chocolate sin horno

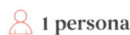 1 persona

 5 minutos

 *

Ingredientes

1 huevo (*sustituible por 1 cda. de semillas de chía
   o lino y 3 cdas. de agua, se deja 30 minutos en
   reposo hasta que se haga un gel)

1 plátano aplastado con tenedor

1 cda. de cacao puro en polvo

½ cdta. de levadura o una pizca de bicarbonato

1 onza de chocolate en tableta con un 85 % de
   cacao para decorar

Preparación

1. Mezcla todo (menos la onza de chocolate) con una batidora eléctrica.
2. Vierte la mezcla en el molde y añade la onza de chocolate con un 85 % de cacao troceada por encima.
3. Mételo en el microondas durante 1 minuto y medio y... ¡listo!

Magdalenas de zanahoria y coco

 1-2 personas

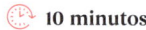 10 minutos

 *

Ingredientes

1 huevo (*sustituible por 1 cda. de semillas de chía o lino y 3 cdas. de agua, se deja 30 minutos en reposo hasta que se haga un gel)
2 zanahorias medianas cocidas y aplastadas
35 g de coco rallado
canela de Ceilán en polvo
frutos secos o chocolate con más del 85 % de cacao (opcional) para decorar
½ cdta. de levadura o una pizca de bicarbonato

Preparación

1. Cuece la zanahoria: pon las zanahorias en un plato, sin tapa y sin agua, y métela en el microondas durante unos minutos a 750 W, hasta que la zanahoria se pueda aplastar más o menos con el tenedor. También se puede hacer al vapor.
2. Bate la zanahoria, el coco rallado, el huevo y la canela con una batidora eléctrica.
3. Mete la mezcla en el molde (de cristal o silicona) y añade si quieres por encima trozos de chocolate o frutos secos.
4. Introduce el molde con la mezcla durante 1 minuto y medio en el microondas a 750 W, o bien en el horno a 200 °C entre 10-15 minutos vigilando y... ¡listo!

Magdalenas de coco sin horno

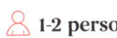 1-2 personas

 5 minutos

 *

Ingredientes

1 plátano mediano

1 huevo (*sustituible por 1 cda. de semillas de chía o lino y 3 cdas. de agua, se deja 30 minutos en reposo hasta que se haga un gel)

35 g de coco rallado

canela de Ceilán en polvo

arándanos secos, o chocolate con un 85 % de cacao o frutos secos o fruta

½ cdta. de levadura o una pizca de bicarbonato

Preparación

1. Aplasta el plátano con un tenedor.
2. Añade al plátano el coco rallado, el huevo y la canela.
3. Mezcla todos los ingredientes con una batidora eléctrica y vierte la mezcla en un molde de cristal o de silicona.
4. Añade por encima los arándanos, los trozos de chocolate o los frutos secos.
5. Mételo en el microondas a 750 W durante 1 minuto y medio, o bien en el horno a 200 °C durante 10-15 minutos vigilando y... ¡listo!

Muffins de plátano

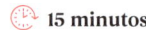 2 personas

 15 minutos

Ingredientes

2 plátanos pequeños (alternativa: 120 g de calabaza o zanahoria asada)
65 g de copos de avena sin gluten o harina de
avena u otra harina (*celiacos, opción sin
gluten)
2 huevos (*sustituible por 2 cdas. de semillas de
chía o lino y 6 cdas. de agua, se deja 30 minutos
en reposo hasta que se haga un gel)
canela de Ceilán en polvo al gusto
1 cdta. de aceite de coco (opcional)
1 cdta. de levadura
bayas de goji y chocolate con un 85-92 % de cacao
para decorar (opcional)

Preparación

1. Precalienta el horno a 200 °C.
2. Mezcla todos los ingredientes (excepto los que son para decorar) en una batidora eléctrica.
3. Vierte la mezcla en los moldes de silicona y pon por encima
las bayas y trozos de chocolate.
4. Mete los moldes en el horno durante 10-15 minutos vigilando
y... ¡listo!

**Conservación: 1-2
días en la nevera.**

Muffins de manzana y chocolate

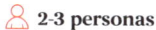 2-3 personas

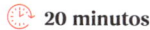 20 minutos

 *
 *

Ingredientes

2 manzanas golden

65 g de copos de avena sin gluten o harina de avena u otra harina (*celiacos, opción sin gluten)

2 huevos (*sustituible por 2 cdas. de semillas de chía o lino y 6 cdas. de agua, se deja 30 minutos en reposo hasta que se haga un gel)

40 g de chocolate en tableta con un 85-92 % de cacao

1 cdta. de aceite de coco (opcional)

1 cdta. de levadura

trozos de chocolate en tableta con un 85-92 % de cacao, para decorar

Preparación

1. Precalienta el horno a 200 °C.
2. Pela la manzana y trocéala, ponla en un plato y métela en el microondas durante 2 minutos, o bien ásala en el horno vigilando.
3. Derrite 40 g de chocolate con 1 cucharadita de aceite de coco en el microondas durante 1 minuto y medio.
4. Mezcla todos los ingredientes (excepto el chocolate de decorar) con una batidora eléctrica.
5. Vierte la mezcla en los moldes de silicona y pon por encima trozos de chocolate.
6. Mete los moldes en el horno durante 10-15 minutos vigilando y... ¡listo!

Conservación: 1-2 días en la nevera.

Bollito de zanahoria con chocolate sin horno

 1 persona

 5 minutos

  *

Ingredientes

1 huevo (*sustituible por 1 cda. de semillas de chía o lino y 3 cdas. de agua, se deja 30 minutos en reposo hasta que se haga un gel)

2 zanahorias medianas

1 cda. de cacao puro en polvo

½ cdta. de levadura o una pizca de bicarbonato

1 onza de chocolate con un 85 % de cacao

Preparación

1. Pon las zanahorias crudas y peladas en un plato en el microondas, sin tapa y sin agua y a 750 W de potencia, hasta que se puedan aplastar con un tenedor. También se pueden hacer al vapor.
2. Mezcla todo (menos la onza de chocolate) con una batidora eléctrica.
3. Vierte la mezcla en el molde y añade la onza de chocolate en tableta con un 85 % de cacao, troceada por encima.
4. Mételo en el microondas durante 1 minuto y medio y... ¡listo!

Galletitas de avena

 **6 galletitas**

 **25 minutos**

Ingredientes

1 manzana golden asada o 1 plátano aplastado
40 g de copos de avena (sin gluten para celiacos),
    o harina de avena o de almendras
canela de Ceilán al gusto
½ cdta. de aceite de coco o de oliva
2-4 onzas de chocolate con un 85-92 % de cacao

Preparación

1. Precalienta el horno a 200 °C, con calor arriba y abajo.
2. Pela y corta la manzana en trocitos y colócala en un plato. Introduce el plato en el microondas sin tapar, y deja que se cueza la manzana durante 2 minutos a 750 W. Aplasta la manzana cocida con un tenedor hasta que quede una especie de papilla. Esparce la canela por encima.
3. En un bol, mezcla la manzana y los copos de avena hasta formar una pasta.
4. Con las manos, haz bolitas con la mezcla y aplástalas un poco, dándoles forma de galleta. Colócalas encima de una bandeja para horno cubierta de papel vegetal. Hornea a 200 °C, con calor arriba y abajo, durante 20-25 minutos o hasta que queden doraditas.
5. Después de sacar las galletitas del horno, puedes añadirles chocolate por encima. Para derretir el chocolate, pon las onzas de chocolate y el aceite en un bol y mételo 1 minuto al microondas hasta que se haya derretido.
6. Echa un poco de chocolate por encima de cada galleta y mételas un rato a la nevera o al congelador hasta que se endurezcan y... ¡listo!

Conservación: 2-3 días en nevera.

Manzana templada con canela

 **1 ración**

 **5 minutos**

Ingredientes

1 manzana golden
canela de Ceilán

Preparación

1. Pela la manzana y trocéala.
2. Métela en el microondas en un plato (sin tapa) durante 2 minutos, o bien, cuécela en un cazo en el fuego con un chorrito de agua, o bien, hazla al horno vigilando.
3. Una vez hecha, añade la canela por encima y... ¡listo!

Bebida de almendras

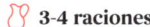 **3-4 raciones**

 10 minutos + 8-10 horas de remojo

Ingredientes

500 g de almendras crudas (con o sin piel)

4–5 tazas de agua (cantidad orientativa, según gustos de consistencia)

extracto de vainilla (opcional, se puede comprar en el herbolario)

canela de Ceilán (opcional)

Preparación

1. Deja las almendras en remojo la noche anterior (durante 8-10 horas).
2. Seca las almendras dejándolas en un colador (si quieres, puedes quitarles la piel frotando con un trapo seco).
3. Introduce las almendras en una batidora eléctrica o un robot de cocina, añade el agua y unas gotitas de extracto de vainilla y bate todo junto; para un mejor resultado, bate varias veces.
4. Cuela la leche por una malla fina para separar los trozos de almendra y... ¡listo!

Necesitarás una malla fina para colar (en Amazon: "Nut milk bag").

No tires los restos de almendra colados: guárdalos en un bote de cristal y tómalos con una tostada de aguacate, con mermelada, con una ensalada, para hacer algún postre...

Cereales de chocolate

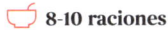 **8-10 raciones**

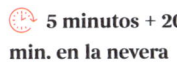 **5 minutos + 20 min. en la nevera**

 *

Ingredientes

4-5 onzas de chocolate con un 85-92 % de cacao
1 cdta. de aceite de coco (opcional, aceite de oliva)
150-200 g de quinoa inflada o arroz o maíz o
    espelta inflada (*celiacos, opción sin gluten)

Preparación

1. Pon en un bol las onzas de chocolate con el aceite de coco, métalo en el microondas durante aproximadamente 1 minuto y medio, hasta que se funda, y remueve bien.
2. Introduce el cereal elegido y báñalo bien en chocolate.
3. Vierte la mezcla en un molde de silicona o de cristal recubierto con papel de horno para que no se pegue al fondo.
4. Métalo en el congelador durante 15-20 minutos, o bien, en la nevera durante aproximadamente 1 hora hasta que se endurezca y... ¡a comer!

Conservación: en un tarro de cristal en la nevera durante aproximadamente 1 semana o 10 días.

Cookies de avena y chocolate

 **13-14 cookies**

 **35 minutos**

 *

Ingredientes

400 g de garbanzos cocidos

3 cdas. de aceite de oliva virgen extra o aceite de coco

30 g de harina de avena u otra harina (*celiacos, opción sin gluten)

30 g de copos de avena o harina (*celiacos, opción sin gluten)

4 dátiles Medjoul

canela de Ceilán en polvo

1 cda. de cacao puro en polvo

4-5 onzas de chocolate en tableta con un 85-92 % de cacao

Preparación

1. Precalienta el horno a 180 °C, con calor arriba y abajo.
2. Tritura en la batidora los garbanzos con el aceite.
3. Añade el resto de los ingredientes (menos el chocolate) y bátelos de nuevo.
4. Dales forma a las cookies y coloca por encima el chocolate troceado.
5. Hornea a 180 °C (arriba y abajo) durante unos 25 minutos hasta que se doren y queden duritas y... ¡listo!

Cookies de limón

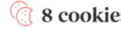 **8 cookies**

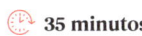 **35 minutos**

 *

Ingredientes

200 g de garbanzos cocidos en bote
1 ½ cdas. de aceite de oliva virgen extra
15 g de harina de avena u otra harina (*celiacos, opción sin gluten)
15 g de copos de avena o harina (*celiacos, opción sin gluten)
3 dátiles Medjoul
canela de Ceilán en polvo
la piel de 1 limón (previamente lavada)
1 cdta. de zumo de limón
frutos rojos o chocolate con un 85-92 % de cacao para decorar

Preparación

1. Precalienta el horno a 180 °C, con calor arriba y abajo.
2. Tritura en la batidora los garbanzos con el aceite.
3. Añade el resto de los ingredientes (menos los de decoración) y bátelos de nuevo.
4. Dale forma a las cookies y coloca por encima el chocolate troceado o los frutos rojos.
5. Hornea durante unos 25 minutos hasta que se doren y queden endurecidas y... ¡listo!

Conservación: hasta 1 semana en la nevera en tarro de cristal.

Galletas de coco-avena

 2 personas

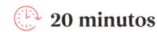 20 minutos

 *

Ingredientes

35 g de coco rallado
1 plátano
2 cdas. de harina de avena u otra harina (*celiacos,
    opción sin gluten)
canela de Ceilán en polvo
½ cdta. de aceite de coco o de oliva
chocolate con un 85-92 % de cacao

Preparación

1. Precalienta el horno a 200 °C, con calor arriba y abajo.
2. Aplasta el plátano con un tenedor.
3. Añade al plátano, el coco rallado, la canela y la harina de avena, mézclalo todo junto.
4. Dale forma de galletas y ponlas encima de un papel de hornear.
5. Derrite el chocolate junto con el aceite de coco 1 minuto y medio en el microondas, mézclalo hasta que quede líquido y moja las galletas hasta la mitad.
6. Métalas en el horno durante 10-15 minutos vigilando y... ¡listo!

Leyenda

- 🚫 sin lácteos
- 🚫 sin gluten
- 🚫 sin azúcar
- 🚫 sin edulcorantes
- 🚫 sin harina
- 🚫 sin huevo

Panes y postres

Pan sin gluten de trigo sarraceno y lentejas

 6-7 raciones

 5 minutos + 1 noche de remojo / 10 minutos + 24 horas de reposo / horno 1 hora y 20

Ingredientes

340 g de trigo sarraceno en grano sin gluten
160 g de lenteja en grano
20 g de chía en polvo o lino en polvo o psyllium
    en polvo sin gluten
150-180 ml de agua
1 cda. de sal (5 g)
1 cda. de harina de trigo sarraceno para enharinar
    el pan antes de meterlo en el horno (opcional)

Preparación

1. Lava el trigo sarraceno y las lentejas por separado en un colador.
2. Colócalos en dos boles, cúbrelos con agua y déjalos en remojo durante toda la noche.

3. Al día siguiente, escurre el trigo sarraceno y las lentejas, enjuaga las lentejas, pero el trigo sarraceno no lo enjuagues (la sustancia pegajosa que lo envuelve es buena para la mezcla).

4. Pon el trigo sarraceno y las lentejas en la batidora (Thermo-mix®: 30 segundos a velocidad 5-5,5) y añade 150-180 ml de agua. Te aconsejo que calcules el agua a ojo, ve añadiendo agua y si ves que va a quedar muy líquida la masa, no añadas más. La mezcla debe tener una textura que se agarre al bol cuando se vierta, no líquida.

5. Tritura hasta que se mezcle el trigo sarraceno y las lentejas con el agua (si quedan algunos granos enteros, no pasa nada).

6. Ponlo en un bol de cristal y añade la chía en polvo y la sal, y mezcla con una cuchara de madera.

7. Cubre el bol con un trapo limpio y déjalo 24 h a temperatura ambiente. (El tiempo variará en función de la temperatura exterior, en verano puedes dejarlo 6-8 h pero en los meses de frío necesitarás 24 h).

8. 24 horas después, precalienta el horno a 175 °C, cubre la bandeja del horno con papel de horno y pon la masa encima (sin molde). Espolvorea harina de trigo sarraceno por encima si quieres darle un toque rústico y haz 2 cortes en la masa para facilitar la cocción. Intenta no remover la masa, tócala lo menos posible para darle forma redondita y listo.

9. Introduce la bandeja en el horno y hornea durante 1 hora y 20 minutos.

10. Sácalo del horno y déjalo templar en la rejilla para que no se quede humedecida la parte de abajo. Este pan tiene un toque húmedo.

Conservación: mejor congelarlo en rebanadas y después, ¡directo a la tostadora!

Naranjas con chocolate

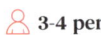 3-4 personas

 15 minutos

Ingredientes

1 naranja
½ tableta de chocolate con un 85-92 % de cacao
1 cdta. de aceite de coco
canela de Ceilán en polvo
20-30 g de azúcar o 5-10 gramos de sucralosa
   (lo mínimo posible)

Preparación

1. Lava bien la naranja y córtala en rodajas muy finas.
2. Pon 2 dedos de agua en una olla al fuego, introduce las rodajas de naranja y deja que hierva durante 5 minutos.
3. Quita el agua de la olla, vuelve a poner 2 dedos de agua y deja que hierva otros 5 minutos.
4. Saca el agua de la olla otra vez, deja las naranjas dentro y espolvorea por encima canela y azúcar o sucralosa.
5. Añade agua de nuevo a la olla, solo hasta cubrir las naranjas, y deja que hierva 5-10 minutos hasta que vaya espesando el líquido con el azúcar y la canela.
6. Deja que enfríen a temperatura ambiente y después mételas durante 1 hora al congelador.
7. Pon en un bol el chocolate y el aceite de coco y fúndelo en el microondas vigilando durante 1-2 minutos o bien en un cazo al fuego.
8. Saca las naranjas congeladas y báñalas en el chocolate caliente; el chocolate se quedará duro al instante y... ¡a comer!

Conservación: en la nevera hasta 7-10 días.

Piña con chocolate

 4-5 personas

 20 minutos

Ingredientes

1 piña

canela de Ceilán

4 onzas de chocolate con un 85 % de cacao

1 cdta. de aceite de coco (opcional)

1 cdta. de queso mascarpone (*opcional, sustituible por yogur de coco)

lima

Preparación

1. Precalienta el horno a 200 °C, con calor arriba y abajo.
2. Corta en rodajas la piña y ponla sobre un papel de horno.
3. Espolvorea con canela por encima.
4. Hornea, vigilando, 10-15 minutos.
5. Mientras, mezcla el aceite de coco con las onzas de choco-late y caliéntalo en el microondas durante 1 minuto y medio o en un cazo al fuego hasta que quede líquido.
6. Añade el mascarpone y un chorro generoso de lima al cho-colate líquido, y remueve hasta que espese.
7. Saca la piña del horno, vierte la mezcla del chocolate por encima y... ¡a comer!

Plátano a la plancha

 1 persona

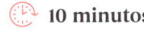 10 minutos

Ingredientes

1 plátano

canela de Ceilán en polvo

½ cdta. de aceite de coco o de oliva virgen extra

1-2 onzas de chocolate en tableta con un 85-92 %
de cacao

Preparación

1. Añade un poco aceite de coco a una sartén y pon el plátano
   partido por la mitad vuelta y vuelta.
2. Para el chocolate, mezcla 2 onzas de chocolate con ½ cucharadita de aceite de coco y caliéntalo en el microondas
   1 minuto y medio.
3. Vierte el chocolate por encima del plátano y... ¡a comer!

Tarta de queso

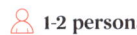 1-2 personas

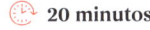 20 minutos

*

Ingredientes

1 mozzarella (*opción sin lácteos: manzana asada sacando las pepitas)

mermelada de frambuesas y arándanos (véase pág. 165)

2-4 onzas de chocolate con un 92 % de cacao

1 cdta. de aceite de coco (opcional)

Preparación

1. Pon la mozzarella en un plato y hazle una rajita en medio.
2. Añade por encima la mermelada y mete un poco por dentro de la mozzarella.
3. Pon las onzas de chocolate y el aceite de coco en un bol en el microondas para que se funda durante 1 minuto y medio y remueve bien.
4. Vierte por encima el chocolate.
5. Mételo unos 15 minutos en la nevera hasta que el chocolate quede endurecido y... ¡a comer!

Turrón casero

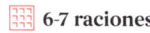 **6-7 raciones**

 **5-10 minutos +
20 minutos en el
congelador**

 *

Ingredientes

1 tableta entera de chocolate con un 85-92 % de
 cacao
1 cda. de aceite de coco
100 g aproximadamente de quinoa inflada o arroz
 o maíz o espelta inflada (esta medida es mejor
 hacerla a ojo) (*celiacos, opción sin gluten)
Uno o dos puñados de avellanas u otro fruto seco
 (opcional)
Uno o dos puñados de frutos rojos o fruta
 deshidratada

Preparación

1. Calienta en un bol en el microondas durante 1 minuto y medio o en el fuego 1 tableta entera de chocolate con un 92 %
 de cacao y 1 cucharada de aceite de coco (medidas a ojo
 según cantidad a realizar).
2. Introduce en el bol el chocolate líquido, el cereal elegido y los
 frutos secos, y báñalos bien en el chocolate.
3. Vierte la mezcla en un molde de silicona (para que no se pegue) y ponle por encima más cereales, frutos secos o frutas.
4. Métete en el congelador durante 15-20 minutos o en la nevera 1 hora aproximadamente y... ¡a comer!

**Conservación: 5
días en la nevera
si lleva fruta, si
no lleva fruta
15-20 días o más.**

Donuts sanos

6-8 donuts

30 minutos

Ingredientes

1 plátano pequeño

1 manzana asada (o 200 g de zanahoria o calabaza asada)

35 g de copos de avena sin gluten o harina de avena u otra harina (*celiacos, opción sin gluten)

2 huevos (*sustituto: mezcla 2 cdas. de semillas de chía con 6 de agua y deja reposar unos 30 minutos)

canela de Ceilán al gusto

1 cdta. de aceite de coco (opcional)

2-4 onzas de chocolate en tableta con un 85-92 % de cacao

1 cdta. de levadura

frutos secos (opcional), para decorar

moldes

Preparación

1. Precalienta el horno a 200 °C, con calor arriba y abajo.
2. Pela la manzana y córtala en trocitos, ponla en un plato y métela en el microondas durante 2 minutos sin tapar, (en caso de utilizar zanahoria o calabaza, hasta que quede blanda).
3. Aplasta el plátano con un tenedor.
4. Con una batidora eléctrica, mezcla el plátano, la manzana, la levadura, los copos de avena, los huevos y la canela.
5. Añade la mezcla al molde y mételo en el horno durante 10-20 minutos vigilando.
6. Mientras, pon en un bol las onzas de chocolate con el aceite de coco y caliéntalo durante 1 minuto y medio en el microondas.
7. Saca los donuts del molde cuando templen y báñalos con el chocolate, colocando debajo de los donuts un papel de horno.
8. Espolvorea por encima los frutos secos elegidos machacados y... ¡a comer!

Conservación: 1-2 días en la nevera, también se pueden congelar.

Mousse de caqui

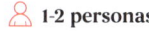 1-2 personas

 5 minutos

Ingredientes

1 caqui maduro

un puñadito de avellanas (o el fruto seco que quieras, opcional)

1 cda. de cacao puro o algarroba en polvo

2-3 onzas de chocolate en tableta con un 85-92 % de cacao

Preparación

Chocolate fundido:

1. Pon 2-3 onzas de chocolate con un 85-92 % de cacao con 1 cucharadita de aceite de coco 2 minutos en el microondas a 750 W, hasta que quede líquido.

Mousse:

1. Pela y corta el caqui en trozos.
2. Pica las avellanas en un mortero.
3. Mezcla todo en una batidora eléctrica + el chocolate fundido, el caqui y las avellanas picadas.
4. Métdelo en un bol y espolvorea cacao puro por encima y unas avellanas.
5. Introdúcelo en la nevera 10-20 minutos para que gelatinice aún más (también se puede meter en el congelador un rato).

Helado stracciatella con frambuesas

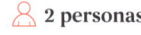 **2 personas**

 **15 minutos**

Ingredientes

1 plátano congelado cortado

un puñado de frambuesas congeladas

2-3 onzas de chocolate en tableta con un 85-92 %
    de cacao (opcional, se pueden poner frutos
    secos)

Preparación

1. Saca las frutas del congelador y espera 5-10 minutos a que se descristalicen.
2. Mete las frutas en una batidora potente y tritura hasta que quede cremoso.
3. Corta trocitos de chocolate, vuelve a triturar y... ¡a comer!

Helado stracciatella de yogur

 2 personas

 15 minutos

Ingredientes

1 yogur de coco (vegetal) o yogur griego

2-3 onzas de chocolate con un 85-92 % de cacao

1 cda. de aceite de coco (opcional)

Preparación

1. Pon el yogur en un bol y métalo en el congelador durante 10–15 minutos (sin que llegue a congelarse).

2. Mientras, derrite el chocolate con el aceite de coco en el microondas durante 1 minuto y medio o en un cazo al fuego.

3. Saca el yogur del congelador y báñalo con el chocolate por encima (quedará duro a los 30 segundos, si no, métalo unos minutos en el congelador) y... ¡a comer!

Helado bombón avellanado de frutos rojos

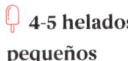 **4-5 helados pequeños**

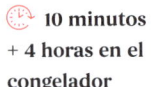 **10 minutos + 4 horas en el congelador**

Ingredientes

dos puñados de frambuesas

2 plátanos maduros

5 onzas de chocolate con un 85 % de cacao

1 cdta. de aceite de coco (opcional, pero el de oliva
    no sirve)

un puñadito de avellanas troceadas (opcional)
    para decorar

Preparación

1. Bate las frutas elegidas.
2. Vierte la mezcla en el molde, métela en el congelador y espera unas 4 horas.
3. Trocea los frutos secos.
4. Una vez congelado, funde el chocolate con el aceite de coco en el microondas durante 1-2 minutos y remueve hasta que quede líquido.
5. Introduce el helado congelado en el chocolate fundido, añade los frutos secos, espera 30 segundos a que endurezca y... ¡a comer!

Moldes, a ser posible de silicona.

Helado bombón avellanado de mango

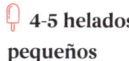 **4-5 helados pequeños**

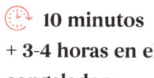 **10 minutos + 3-4 horas en el congelador**

Ingredientes

1 mango maduro mediano

5-6 onzas de chocolate en tableta con un 85 % de cacao

1 cdta. de aceite de coco

un puñadito de avellanas troceadas (opcional), para decorar

Preparación

1. Aplasta bien el mango con un tenedor e introdúcelo en los moldes, mét33los en el congelador y espera durante unas 4 horas.

2. Cuando estén congelados, pon en un bol las onzas de chocolate junto con el aceite de coco y mételo en el microondas durante 1-2 minutos hasta que se funda, después remueve bien hasta que quede líquido.

3. Introduce el helado congelado en el chocolate caliente, añade los frutos secos, espera 30 segundos hasta que se endurezca y... ¡a comer!

Moldes, a ser posible de silicona.

Bomboncitos helados

 **7-9 bombonci-tos helados**

 10 minutos

Ingredientes

2 plátanos (o 120 g de cualquier fruta)

4–5 onzas de chocolate en tableta con un 85 % de cacao

1 cdta. de aceite de coco (opcional)

frutos secos (opcional), para decorar

Preparación

1. Aplasta los plátanos con un tenedor, vierte la mezcla en el molde y mételo en el congelador durante unas 4 horas.
2. Una vez congelados, saca los bombones del molde, funde el chocolate con el aceite de coco en el microondas durante 1 minuto y medio y báñalos en el chocolate añadiendo si quieres los frutos secos troceados (el chocolate se endurecerá al momento, si no, vuelve a meterlos en el congelador) y... ¡a comer!

Utiliza el molde para los cubitos de hielo del congelador.

Leyenda

🚫	sin lácteos	🚫	sin edulcorantes
🚫	sin gluten	🚫	sin harina
🚫	sin azúcar	🚫	sin huevo

RECETAS

Comidas y cenas

Chips de calabaza

 1-2 personas

 25 minutos

Ingredientes

200 g de calabaza
un poco de sal
aceite de oliva virgen extra

Preparación

1. Pela la calabaza y trocéala en forma de patatas fritas
2. Pon agua en un cazo en el fuego, introduce la calabaza cuando comience a hervir y déjala hasta que esté blandita, unos 10 minutos.
3. Transcurrido el tiempo, sácalas y escurre el agua.
4. Mételas en el horno (previamente calentado a 200 °C arriba y abajo) sobre un papel de hornear con una pizca de sal y un chorrito de aceite de oliva virgen extra durante unos 20 minutos, hasta que se doren y, ¡a comer!
5. También se pueden echar directamente en una sartén y saltearlas con un chorrito de aceite de oliva hasta que se doren.

Chips de kale

 1-2 personas

 15 minutos

Ingredientes

250 g de col kale
especias al gusto (romero, limón seco y sal gorda)
una pizca de sal
un chorrito de aceite de oliva o de coco

Preparación

1. Precalienta el horno a 200 °C, con calor arriba y abajo.
2. Sobre un papel de hornear, coloca la kale, espolvorea las especias, añade un chorrito de aceite y remueve bien.
3. Mételo en el horno durante 10 minutos, vigilando que no se queme, sácalo cuando parezca crujiente y... ¡a comer!

Patatas al horno

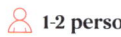 1-2 personas

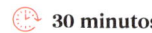 30 minutos

*

Ingredientes

2 patatas

especias como orégano, pimentón dulce y sal

queso mozzarella para fundir al gusto (*opcional,
    sustituible por guacamole)

aceite de oliva virgen extra

Preparación

1. Precalienta el horno a 180 °C, con calor arriba y abajo.
2. Lava las patatas con piel o peladas y déjalas escurrir en un colador.
3. Córtalas en forma de gajos.
4. Ponlas sobre un papel de hornear en la bandeja del horno, espolvorea las especias elegidas y rocía con un poco de aceite.
5. Mételas en el horno sobre un papel de horno durante 20-30 minutos hasta que se doren.
6. Mientras, funde el queso, sírvelo en un cuenco y espolvoréalo también con las especias elegidas.
7. Sirve las patatas con el queso y... ¡a comer!

Mayonesa casera

👤 **2-3 personas**

🕐 **5 minutos**

Utiliza un recipiente que no sea mucho más ancho que la batidora.

Ingredientes

125 ml de aceite de oliva, girasol o un aceite suave
sal al gusto
1 cda. de vinagre o limón
1 huevo (a temperatura ambiente)
un chorrito de aceite de oliva virgen extra

Preparación

1. Pon todos los ingredientes en el recipiente, introduce la batidora apagada hasta el fondo y en posición vertical, ponla en marcha y no la levantes hasta que la mayonesa comience a estar ligada.
2. A mitad del proceso, añade el chorrito de aceite de oliva.
3. Cuando coja textura de mayonesa estará lista y... ¡a comer!

Hummus de lenteja roja

 1-2 personas

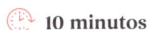 10 minutos

Ingredientes

100 g de lentejas rojas
1 cda. de crema de sésamo (tahina)
zumo de ½ limón
1 cda. de aceite de oliva virgen extra
una pizca de sal
especias al gusto
pimentón dulce de la Vera al gusto
zanahorias crudas peladas, para acompañar

Preparación

1. Hierve las lentejas rojas durante 5-7 minutos (no se dejan en remojo).
2. Mezcla todos los ingredientes juntos con una batidora, sírvelo con zanahorias y... ¡a comer!

Hummus de alcachofa

👤 1-2 personas

🕐 5 minutos

Ingredientes

7-8 medios corazones de alcachofa cocida
    (pueden ser en conserva)
1 ½ cdas. de crema de sésamo (tahina)
zumo de medio limón
1 cda. de aceite de oliva virgen extra
una pizca de sal

Preparación

1. Mezcla todos los ingredientes juntos con una batidora y...
   ¡listo!

Carpaccio
de calabacín

 2 personas

 5 minutos

Ingredientes

1-2 calabacines crudos
1-2 tomates
uno o dos puñados de nueces o frutos secos al gusto
perejil
el zumo de medio limón
aceite de oliva virgen extra

Preparación

1. Corta el calabacín en rodajas muy finitas.
2. Pela el tomate, tritúralo con un tenedor y añade aceite de oliva y un poco de sal.
3. Machaca las nueces en un mortero.
4. Pon las rodajas de calabacín esparcidas por el plato y añade el tomate por encima, después las nueces, el limón, el perejil y... ¡listo!

Tortilla de patata cocida

 1-2 personas

 30 minutos

Ingredientes

150 g de patata cocida
¼ de cebolla (opcional)
2 huevos
aceite de oliva virgen extra

Preparación

1. Cuece la patata en el fuego o en el microondas en un estuche de silicona durante unos 15 minutos a 750 W.
2. Sofríe la cebolla en una sartén con un poco de aceite.
3. Bate los huevos e incorpórales la patata cocida y la cebolla con un poco de sal, mezcla bien.
4. Calienta una sartén con un poco de aceite de oliva virgen extra y añade la mezcla hasta que cuaje, dale la vuelta y... ¡a comer!

Tortilla de calabacín y puerro

 1-2 personas

 **20 minutos**

Ingredientes

2 calabacines pequeños
1 puerro mediano-grande (puede ser cebolleta)
2 huevos
ajo en polvo

Preparación

1. En una sartén antiadherente añade el calabacín y el puerro troceado con un chorrito de aceite y ajo en polvo, tapa la sartén de forma que se pochen las verduras y cuando estén doraditas retíralas del fuego.
2. Bate los huevos con una pizca de sal y mezcla el huevo con las verduras.
3. Vierte todo en una sartén con una gota de aceite de oliva, espera hasta que cuaje, vuelta y vuelta y... ¡a comer!

Tortitas de espinacas

1 persona
(para 2 tortitas)

5 minutos

Ingredientes

1 huevo

1 clara

un puñado de espinacas (o rúcula)

aceite de oliva virgen extra

para el relleno ¡lo que quieras!: pechuga de pavo, lentejas rojas salteadas con queso y ajo, arroz, quinoa, bonito...

Preparación

1. Bate todo junto, viértelo en una sartén antiadherente previamente engrasada con aceite de oliva y vuelta y vuelta.
2. Prepara las tortitas con el relleno elegido y... ¡a comer!

Ensalada de lentejas

 1 persona

 5 minutos

Ingredientes

180 g de lentejas cocidas
un puñado de hojas de espinaca baby
½ aguacate
6-7 tomates cherry
30 g de queso fresco
aceite de oliva virgen extra
gomasio (sésamo triturado + sal)

Preparación

1. Mezcla en un bol todos los ingredientes.
2. Para aderezar la ensalada utiliza gomasio y un buen chorro de aceite de oliva virgen extra y... ¡a comer!

Lasaña de berenjena

 2-3 personas

 **25 minutos**

*

Ingredientes

4 berenjenas (alternativa: calabacín)
carne picada o lentejas con quinoa
tomate frito
1 huevo (*opcional)
queso mozzarella o queso de cabra al gusto, para
    fundir
especias como perejil, albahaca
un poco de sal
ajo (opcional)

Preparación

1. Lava la piel de las berenjenas.
2. Córtalas en tiras verticales y finitas.
3. Métalas unos 15 minutos en el microondas en un bol o plato sin tapar, o bien ásalas en el horno hasta que se ablanden un poco.
4. Mientras, mezcla la carne picada o las lentejas con quinoa con el huevo y las especias, y rehoga todo junto con ajo y tomate frito en una sartén.
5. Enciende el horno a 200 °C en modo gratinador o grill.
6. Saca las berenjenas del microondas y disponlas en una bandeja de horno en capas y entre medio pon el relleno elegido.
7. Añade queso por encima, métela en el horno durante unos 10 minutos vigilando y... ¡a comer!

Berenjenas rellenas

 1 persona

 20 minutos

Ingredientes

1 berenjena (alternativa: calabacín)
mozzarella o queso de cabra al gusto (*opcional)
1 lata de atún
100 g de quinoa cocida
2 cdas. de tomate frito
aceite de oliva virgen extra
sal

Preparación

1. Parte la berenjena sin pelar por la mitad y realiza cortes en la carne de la berenjena en dos sentidos haciendo cuadraditos (esto permite que la berenjena se haga bien por dentro). Añade un chorrito de aceite de oliva virgen extra y sal.
2. Métela en el microondas durante 15 minutos a 750 W de potencia.
3. Mientras tanto, prepara en un bol el atún, la quinoa, la mozzarella cortada en cuadraditos, el tomate y remueve bien.
4. Cuando estén listas las berenjenas, retira su pulpa con una cuchara suavemente dejando las berenjenas vacías, añade la pulpa de berenjena al bol con el atún y remueve bien.
5. Rellena las berenjenas con la mezcla obtenida.
6. Añade queso por encima del relleno y vuelve a meterlas en el microondas, esta vez con la función grill durante 1 minuto o 1 minuto y medio y... ¡a comer!

Minipizzas de berenjena

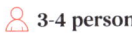 3-4 personas

 20 minutos

*
 *

Ingredientes

1-2 berenjenas (o 2 calabacines sin pelar)
queso mozzarella para fundir al gusto (*opcional)
1-2 tomates
2 huevos (*opcional)
atún en aceite de oliva virgen extra (opcional)

Preparación

1. Precalienta el horno a 220 °C, calor arriba y abajo.
2. Lava las berenjenas, córtalas en rodajas y colócalas sobre un papel de horno.
3. Añade por encima los ingredientes seleccionados: tomate triturado, atún, huevo y queso.
4. Introdúcelas en el horno (solo calor arriba) durante unos 15 minutos y... ¡a comer!

Pizza con base
de coliflor y avena

 1-2 personas

 25 minutos

Ingredientes

Para la base:

260 g de coliflor cruda

90 g de copos de avena (*celiacos, opción sin gluten)

2 cdas. de aceite de oliva virgen extra

orégano, albahaca, sal y pimienta molida

Por encima: ingredientes elegidos ¡los que quieras! (*opcional)

mozzarella para fundir (*opcional)

tomates cherry

champiñones

orégano

piña

Preparación

1. Precalienta el horno a 210 °C arriba y abajo.
2. Mezcla con una batidora la coliflor cruda, los copos de avena, el aceite de oliva virgen extra, el orégano, la albahaca, sal y pimienta.
3. Pon la mezcla sobre un papel vegetal en la bandeja de horno y estira la masa con una espátula hasta que quede lo más fina posible (paciencia, puede pegarse un poco pero no pasa nada).
4. Hornea durante 10-15 minutos vigilando, hasta que quede doradita.
5. Pasado el tiempo, saca del horno y añade los ingredientes elegidos por encima.
6. Baja la temperatura del horno a 180 °C, enciende el grill e introduce la pizza en la parte superior durante 5-10 minutos.

Pizza con base de trigo sarraceno o avena

 **1 persona**

 **25 minutos**

Ingredientes

150 g de harina de trigo sarraceno o de arroz o de avena (*celiacos, opción sin gluten)
100 ml de agua
sal, orégano o especias al gusto

Preparación

1. Precalienta el horno a 210 °C arriba y abajo.
2. Mezcla en una batidora la harina, el agua, el orégano, la albahaca, sal y pimienta.
3. Pon la mezcla sobre un papel vegetal en la bandeja de horno y estira la masa con una espátula o con un rodillo hasta que quede ¡lo más fina posible!
4. Hornea durante 10-15 minutos vigilando, hasta que quede doradita.
5. Pasado el tiempo, saca del horno y añade los ingredientes elegidos por encima.
6. Baja la temperatura del horno a 180 °C, enciende el grill e introduce la pizza en la parte superior durante 5-10 minutos.

Espaguetis de calabacín con queso

 1 persona

 10 minutos

*

Ingredientes

queso mozzarella para fundir o queso de cabra
    tierno, al gusto
1 calabacín
½ diente de ajo (opcional)
3-4 anchoas (se puede poner pollo, pavo,
    lentejas...)
1 o 2 huevos a la plancha (*opcional)

Preparación

1. Haz tiras de calabacín con un pelapatatas o un espira-
    lizador.
2. Corta las anchoas en trocitos y añádelas a una sartén, sal-
    téalas con un poquito de ajo y aceite de las propias anchoas
    y añade las tiras del calabacín.
3. Deja la mezcla en el fuego removiendo bien hasta que em-
    piece a quedar doradita y retírala.
4. Añade el queso mozzarella o de cabra por encima y derríte-
    lo en el grill del microondas.
5. Pon un huevo encima y... ¡a comer!

Macarrones en salsa blanca

 2 personas

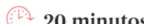 **20 minutos**

Ingredientes

hélices de lenteja roja o macarrones de legumbre
250 g de requesón
1 huevo
25 g de mantequilla clarificada o ghee
sal y pimienta
120 g de lacón ibérico de charcutería (opcional)
aceite de oliva virgen extra

Preparación

1. Cuece las hélices de lenteja o macarrones durante 8-10 minutos.
2. Pon en un recipiente el huevo batido, el requesón, la mantequilla, la sal y la pimienta, y bate bien los ingredientes con una batidora eléctrica.
3. Añade la mezcla en un cazo y deja que hierva durante 5 minutos en el fuego, o bien en el microondas.
4. Mientras, corta el lacón en trocitos y dóralo en una sartén con una gota de aceite.
5. Añade la salsa al lacón en una sartén y rehoga todo junto durante 3-4 minutos.
6. Mezcla la salsa con las hélices y... ¡a comer!

Macarrones en salsa verde

 1-2 personas

 10 minutos

 *

Ingredientes

hélices de lenteja o macarrones de legumbre
dos puñados de espinacas
1 cda. de aceite de oliva virgen extra
1 cda. de zumo de limón
1-2 cdas. de agua
3-4 trocitos de queso curado (*opcional)
½ diente de ajo
½ cdta. de almendra molida (opcional)
una pizca de sal

Preparación

1. Hierve las hélices o macarrones de legumbre durante 6-7 minutos.
2. Mientras, bate el resto de los ingredientes en una batidora eléctrica.
3. Rehoga las hélices de lenteja con la salsa verde para que adquieran más sabor (opcional).
4. Espolvoréalo con la almendra molida restante.

Flautín de calabacín

1 persona

30 minutos

*

Ingredientes

Para la base

350-400 g de calabacín

1 huevo

ajo o especias al gusto

Para el relleno (opcional)

lacón ibérico

mozzarella

Otras opciones de relleno: tomate, aguacate, lentejas, quinoa, pollo, atún

Preparación

1. Lava bien el calabacín, sécalo y rállalo entero con la piel.
2. Coloca el calabacín rallado sobre un trapo de cocina y estrújalo bien para que salga toda el agua.
3. Pon el calabacín en un bol y añade el huevo junto a las especias elegidas y remueve bien la mezcla.
4. Precalienta el horno a 200 °C, con calor arriba y abajo. En una bandeja de horno, sobre un papel vegetal, coloca la mezcla y extiéndela hasta dejar una capa finita.
5. Mete la bandeja en el horno y hornea 20-25 minutos o hasta que la masa quede un poco dorada.
6. Saca la bandeja del horno y pon el relleno elegido encima de la masa. Enróllalo y métalo otro rato en el horno para que se dore, unos 10 minutos a la misma temperatura.

Conclusión

Como hemos visto a lo largo del libro, la buena noticia es que la microbiota intestinal es modificable. Aunque siempre hemos oído que nacemos con unos genes determinados que marcarán nuestro destino, ahora sabemos que, aunque tu código genético sea desfavorable, si haces las cosas bien y sigues unos buenos hábitos de vida (buena alimentación, ejercicio físico, descansar adecuadamente, nada de alcohol ni tabaco, etc.), no tienes por qué sufrir determinadas enfermedades, aun teniendo predisposición genética a sufrirlas.

Ahora que empezamos a entender el lenguaje que habla nuestro intestino, solo tenemos que escucharlo. Si después de leer este libro no he conseguido que tu objetivo no sea adelgazar, sino mejorar tu salud, me plantearé dedicarme a otra cosa.

Apéndices

Bibliografía

EL TUBO DIGESTIVO, DE LA BOCA AL ANO

Ishikawa, T.; Fukui, A.; Kashiwagi, S.; Uchiyama, K.; Handa, O.; Naito, Y.; Itoh, Y.; Katada, K.; Nakano, T.; Mizushima, K.; *et al.* Mucosa-Associated Microbiota in the Gastrointestinal Tract of Healthy Japanese Subjects. Digestion 2019, 1–14.2.

Richard, M.L.; Sokol, H. The gut mycobiota: insights into analysis, environmental interactions and role in gastrointestinal diseases. Nat. Rev. Gastroenterol. Hepatol. 2019.3.

De Sordi, L.; Lourenço, M.; Debarbieux, L. The Battle Within: Interactions of Bacteriophages and Bacteria in the Gastrointestinal Tract. Cell Host Microbe 2019.4.

Voreades, N.; Kozil, A.; Weir, T.L. Diet and the development of the human intestinal microbiome. Front. Microbiol. 2014, 5.5.

Corning, Brooke Copland, Andrew P. Frye, J.W. The microbiome in health and disease. Curr. Gastroenterol. Rep. 2018, 20, 39.

Cascales Angosto, M., Doadrio Villarejo, A.L. Fisiología del aparato digestivo. 12–27.

Gimeno Creus, E. Alimentos prebióticos y probióticos. La polémica científica sobre sus beneficios. Rev Offarm 2004; 23(5): 90-98.

Krasinski, S.D., *et cols.* Fundic atrophic gastritis in an elderly population. Effect on hemoglobin and several serum nutritional indicators. J Am Geriatr Soc 1986; 34(11): 800-806.

McColl, K.E., Gillen, D. Evidence that proton-pump inhibitor therapy induces the symptoms it is used to treat. Gastroenterology 2009; 137(1): 20-22.

Schubert, M.L. Gastric secretion. Curr Opin Gastroenterol 2014; 30(6): 578-582.

Spiegel, B.M., Chey, W.D., Chang, L. Bacterial overgrowth and irritable bowel syndrome: unifying hypothesis or a spurious consequence of proton pump inhibitors? Am J Gastroenterol 2008; 103(12): 2972-2976.

Yago, M.R., *et cols.* Gastric reacidification with betaine HCl in healthy volunteers with rabeprazole-induced hypochlorhydria. Molecular pharmaceutics 2013; 10(11): 4032-4037.

Nofrarías, M.; Martínez-Puig, D.; Pujols, J.; Majó, N.; Pérez, J.F. Long-term intake of resistant starch improves colonic mucosal integrity and reduces gut apoptosis and blood immune cells. Nutrition. 2007 Nov-Dec; 23(11–12): 861-870.

Morita, T.; Tanabe, H.; Sugiyama, K.; Kasaoka, S.; Kiriyama, S. Dietary resistant starch alters the characteristics of colonic mucosa and exerts a protective effect on trinitrobenzene sulfonic acid-induced colitis in rats. Biosci Biotechnol Biochem. 2004 Oct; 68(10): 2155-2164.

Bodinham, C.L.; Frost, G.S.; Robertson, M.D. Acute ingestion of resistant starch reduces food intake in healthy adults. Br J Nutr. 2010 Mar; 103(6): 917-922.

Villarroel, P.; Gómez, C.; Vera, C.; Torres, J. Almidón resistente: Características tecnológicas e intereses fisiológicos. Rev chil nutr 2018; 45(3): 271-278.

MENOS LIMPIOS, MÁS SANOS

Strachan, D.P. Hay fever, hygiene, and household size. BMJ 1989; 299(6710): 1259-1260.

Okada, H.; Kuhun, C.; Feillet, H.; Bach, J.F. The «hygiene hypothesis» for autoimmune and allergic diseases: an update. Clin Exp Immunol 2010; 160(1): 1-9.

Linch, S.V., et cols. Effects of early-life exposure to allergens and bacteria on recurrent wheeze and atopy in urban children. JACI 2014; 134(3): 593-601.

Kozyrskyj, A.L.; Ernst, P.; Becker, A.B. Increased risk of childhood asthma from antibiotic use in early life. Epub 2007; 131(6): 1753-1759.

What is the Healthy Gut Microbiota Composition? A Changing Ecosystem across Age, Environment, Diet, and Diseases. Microorganisms 2019; 7(1): 14.

Castillo-Álvarez, F.; Marzo-Sola, M.E. Papel de la microbiota intestinal en el desarrollo de la esclerosis múltiple. Neurología 2017; 32(3): 175-184.

Icaza-Chávez, M.E. Gut microbiota in health and disease. Rev Gastroenterol Mex 2013; 78(4): 240-248.

Houghton, D.; Stewart, CJ.; Day, CP.; Trenell, M. Gut microbiota and lifestyle interventions in NAFLD. Int J Mol Sci. 2016; 17: 447.

Conlon, M.A.; Bird, A.R. The impact of diet and lifestyle on gut microbiota and human health. Nutrients. 2015; 7: 17-44.

Marsland, B.J. Influences of the Microbiome on the Early Origins of Allergic Asthma. Ann Am Thorac Soc. 2013; 10: S165-9.

Madan, J.C.; Koestler, D.C.; Stanton, B.A.; Davidson, L.; Moulton, L.A.; Housman, M.L.; et al. Serial analysis of the gut and respiratory microbiome in cystic fibrosis in infancy: interaction between intestinal and respiratory tracts and impact of nutritional exposures. MBio. 2012;3: e00251-12.

Nguyen, H.B.; Rivers, E.P.; Abrahamian, F.M. y cols. Severe sepsis and septic shock: review of the literature and emergency department management guidelines. Ann Emerg Med 2006; 48: 28-54.

Translocación bacteriana. Nutr. Hosp. [Internet]. 2007 Mayo [citado 2019 Ago 02]; 22 (Suppl 2): 50-55. Disponible en: http://scielo.isciii.es/scielo.php?script=sci_arttext&pid=S0212-16112007000500007&lng=es

Logan, A.C.; Jacka, F.N.; Prescott, S.L. Immune-microbiota interactions: Dysbiosis as a global health issue. Curr Allergy Asthma Rep. 2016; 16: 13.

Caballero, S.; Pamer, E.G. Microbiota-Mediated Inflammation and Antimicrobial Defense in the Intestine. Annu. Rev. Immunol. 2015; 33: 9.1-9.30.

MICROBIOTA, EL ÓRGANO OLVIDADO

García-Mazcorro, J.F., et cols. Caracterización, influencia y manipulación de la microbiota gastrointestinal en salud y enfermedad. Gastroenterol Hepatol 2015; 38(7): 445-466.

Guarner, F. Microbiota intestinal y enfermedades inflamatorias del intestino. Gastroenterol Hepatol 2011; 34(3): 147-154.

Herrero de Lucas, E., et cols. Interacciones entre el huésped y la microbiota. Medicine 2018; 12(52): 3059-3065.

Sebastián Domingo, J.J.; Sánchez Sánchez, C. De la flora intestinal al microbioma. Rev Esp Enferm Dig 2018; 110(1): 51-56.

Rinninella, E., *et cols*. What is the Healthy Gut Microbiota Composition? A Changing Ecosystem across Age, Environment, Diet, and Diseases. Microorganisms 2019; 7(1): 14.

Serrano, C.A., *et cols*. Desarrollo del microbioma intestinal en niños. Impacto en la salud y en la enfermedad. Rev Chil Pediatr 2016; 87(3): 151-153.

Stewart, C.J., *et cols*. Temporal development of the gut microbiome in early childhood from the TEDDY study. Nature 2018; 562 (7728): 583-588. Disponible en: http://scielo.isciii.es/pdf/diges/v107n11/es_revision.pdf

Guarner, F., *et cols*. Probiotics and prebiotics. WGO Global Guidelines 2017.

Zielinska, D., *et cols*. Food-Origin Lactic Acid Bacteria May Exhibit Probiotic Properties: Review. Biomed Res Int 2018; 2018 (ID 5063185): 15 pages.

Olveira, G.; González-Molero, I. Actualización de probióticos, prebióticos y simbióticos en nutrición clínica. Endocrinol Nutr. 2016; 63(9): 482-494.

Gimeno Creus, E. Alimentos prebióticos y probióticos. Rev Offarm 2004; 23(5): 90-98.

Bedford, A.; Gong, J. Implications of butyrate and its derivatives for gut health and animal production. Anim Nutr 2018; 4(2): 151-159.

COMPOSICIÓN DE LA MICROBIOTA INTESTINAL

Deschasaux, M.; Bouter, K.E.; Prodan, A.; Levin, E.; Groen, A.K.; Herrema, H.; Tremaroli, V.;
Bakker, G.J.; Attaye, I.; Pinto-Sietsma, S.J.; Van Raalte, D.H.; Snijder, M.B.; Nicolaou, M.; Peters, R.; Sanders, M.E.; Benson, A.; Lebeer, S.; Merenstein, D.J.; Klaenhammer, T.R. Shared mechanisms among probiotic taxa: implications for general probiotic claims. Curr. Opin. Biotechnol. 2018; 49: 207-216.

Bottacini, F.; Van Sinderen, D.; Ventura, M. Omics of bifidobacteria: research and insights into their health-promoting activities. Biochem. J. 2017, 474, 4137-4152.

Zwinderman, A.H.; Bäckhed, F.; Nieuwdorp, M. Depicting the composition of gut microbiota in a population with varied ethnic origins but shared geography, Nat Med. 2018; 24(10): 1526-1530

Basu, S.; Yoffe, P.; Hills, N.; Lustig, R.H. The Relationship of Sugar to Population-Level Diabetes Prevalence: An Econometric Analysis of Repeated Cross-Sectional Data. PLoS ONE 2013; 8(2): e57873. doi:10.1371/journal.pone.0057873.

Jandhyala, S.M.; Talukdar, R.; Subramanyam, C.; Vuyyuru, H.; Sasikala, M.; Reddy, D.N. Role of the normal gut microbiota. World J. Gastroenterol. 2015, 21, 8836-8847.

Tan, H.; Zhai, Q.; Chen, W. Investigations of Bacteroides spp. towards next-generation probiotics. Food Res. Int. 2019, 116, 637-644.

Lebeer, S.; Vanderleyden, J.; De Keersmaecker, S.C.J. Host interactions of probiotic bacterial surface molecules: Comparison with commensals and pathogens. Nat. Rev. Microbiol. 2010, 8, 171-184.

Sarkar, A.; Mandal, S. Bifidobacteria—Insight into clinical outcomes and mechanisms of its probiotic action. Microbiol. Res. 2016, 192, 159-171.

National Institutes of Health. The Human Microbiome Project. [Internet]. [Consultado 21 Ene 2019]. Disponible en: https://hmpdacc.org/

Fontané, L., *et cols.* Influence of the microbiota and probiotics in obesity. Clin Investig Arterioscler 2018; 30(6): 271-279.

Icaza-Chávez, M.E. Gut microbiota in health and disease. Rev Gastroenterol Mex 2013; 78(4): 240-248.

MetaHIT Consortium. Metagenomics of the Human Intestinal Tract. [Internet]. [Consultado 26 Mar 2019]. Disponible en: http://www.metahit.eu/

Han, Y.; Wu, W.; Zheng, H.M.; Li, P.; McDonald, D.; Sheng, H.F.; Chen, M.X.; Chen, Z.H.; Ji, G.Y.; Zheng, Z.D.; Mujagond, P.; Chen, X.J.; Rong, Z.H.; Chen, P.; Lyu, L.Y.; Wang, X.; Wu, C.B.; Yu, N.; Xu, Y.J.; Yin, J.; Raes, J.; Knight, R.; Ma, W.J.; Zhou, H.W. Regional variation limits applications of healthy gut microbiome reference ranges and disease models, Nat Med. 2018; 24(10): 1532-1535.

Azpiroz, M.B.; Castro, M.S.; Ponzio, R.; Canellada, A.M.; Manghi, M.A.; Sparo, M.D.; Díaz, A.M.; Molina, M.A. Probiotic activity of Enterococcus faecalis CECT7121: effects on mucosal immunity and intestinal epithelial cells. J. Appl. Microbiol. 2016, 121, 1117–1129.

Hallen-Adams, H.E.; Suhr, M.J. Fungi in the healthy human gastrointestinal tract. Virulence 2017, 8, 352–358.

Zmora, N.; Soffer, E.; Elinav, E. Transforming medicine with the microbiome. Sci. Transl. Med. 2019, 11, eaaw1815.

Ruppé, E.; Ghozlane, A.; Tap, J.; Pons, N.; Álvarez, A.-S.; Maziers, N.; Cuesta, T.; Hernando-Amado, S.; Clares, I.; Martínez, J.L., *et al.*

Prediction of the intestinal resistome by a three-dimensional structure-based method. Nat. Microbiol. 2019, 4, 112–123.

Sanz, Y.; Romaní-Perez, M.; Benítez-Páez, A.; Portune, K.J.; Brigidi, P.; Rampelli, S.; Dinan, T.; Stanton, C.; Delzenne, N.; Blachier, F., *et al.* Towards microbiome-informed dietary recommendations for promoting metabolic and mental health: Opinion papers of the MyNewGut project. Clin. Nutr. 2018, 37, 2191–2197.

FUNCIONES DE LA MICROBIOTA, ¿QUÉ HACE DENTRO DE NOSOTROS?

Honda, K.; Littman, D.R. The microbiota in adaptive immune homeostasis and disease. Nature 2016, 535, 75–84.2.

Takaishi, H.; Matsuki, T.; Nakazawa, A.; Takada, T.; Kado, S.; Asahara, T.; Kamada, N.; Sakuraba, A.; Yajima, T.; Higuchi, H., *et al.* Imbalance in intestinal microflora constitution could be involved in the pathogenesis of inflammatory bowel disease. Int. J. Med. Microbiol. 2008, 298, 463–472.

Kim, D.; Zeng, M.Y.; Núñez, G. The interplay between host immune cells and gut microbiota in chronic inflammatory diseases. Exp. Mol. Med. 2017, 49, e339.

Jandhyala, S.M.; Talukdar, R.; Subramanyam, C.; Vuyyuru, H.; Sasikala, M.; Reddy, D.N. Role of the normal gut microbiota. World J. Gastroenterol. 2015, 21, 8836–8847.5.

Cani, P.D.; Van Hul, M.; Everard, A.; Rastelli, M.; Lefort, C.; Depommier, C. Microbial regulation of organismal energy homeostasis. Nat. Metab. 2018, 1, 34–46.

Tuohy, K.; Thiele, I.; Rowland, I.; Gibson, G.; Scott, K.; Heinken, A.; Swann, J. Gut microbiota functions: metabolism of nutrients and other food components. Eur. J. Nutr. 2017, 57, 1–24.8.

Aron-wisnewsky, J.; Clément, K. The gut microbiome, diet , and links to cardiometabolic and chronic disorders. Nat. Publ. Gr. 2015, 12, 169–181.9.

Knauf, F.; Brewer, J.R.; Flavell, R.A. Immunity, microbiota and kidney disease. Nat. Rev. Nephrol.

Del Campo-Moreno, R.; Alarcón-Cavero, T.; D'Auria, G.; Delgado-Palacio, S.; Ferrer-Martí-nez, M. Microbiota en la salud humana: técnicas de caracterización y transferencia. Rev Enf Inf y Microb Clin 2018; 36(4): 207-258.

Kolodziejczyk, A.A.; Zheng, D.; Shibolet, O.; Elinav, E. The role of the microbiome in NAFLD and NASH. 2019, 1–13.

Cornejo-Pareja, I.; Muñoz-Garach, A.; Clemente-Postigo, M.; Tinahones, F.J. Importance of gut microbiota in obesity. Eur. J. Clin. Nutr. 2018.

Pedersen, H.K.; Gudmundsdottir, V.; Nielsen, H.B.; Hyotylainen, T.; Nielsen, T.; Chatelier, L.; Levenez, F.; Doré, J.; Mattila, I.; Plichta, D.R., et al. Human gut microbes impact host serum metabolome and insulin sensitivity. Nature 2016, 1–6.

INFLUENCIA DE LA DIENTA EN LA MICROBIOTA Y METABOLISMO

Hiippala, K., et cols. The Potential of Gut Commensals in Reinforcing Intestinal Barrier Function and Alleviating Inflammation. Nutrients 2018; 10(8): 988.31.

Icaza-Chávez, M.E. Microbiota intestinal en la salud y la enfermedad. Rev Gastroent México 2013; 78(4): 240-248.

Aranceta Bartrina, J., et cols. Guía de la alimentación saludable para atención primaria y colectivos ciudadanos. SENC. Disponible en: https://www.nature.com/articles/nm.3145

Park, J.E.; Miller, M.; Rhyne, J.; Wang, Z.; Hazen, S.L. Differential effect of short-term popular diets on TMAO and other cardio-metabolic risk markers. Nutr Metab Cardiovasc Dis 2019; 29(5): 513-517.

Álvarez, J. Fibra alimentaria. Fundación para la Diabetes. Disponible en: https://www.funda-ciondiabetes.org/infantil/204/fibra-alimentaria

Gimeno Creus, E. Alimentos prebióticos y probióticos. Rev Offarm 2004; 23(5): 90-98.

Zhou, K. Strategies to promote abundance of Akkermansia muciniphila, an emerging probiotics in the gut, evidence from dietary intervention studies. J Funct Foods 2017; 33: 194-201.

Manach, C.; Scalbert, A.; Morand, C.; Rémésy, C.; Jiménez, L. A review of the efficacy of dietary polyphenols un experimental modelos of inflammatory bowel diseases. Food Funct 2015; 6: 1773.

Woting, A.; Blaut, M. The Intestinal Microbiota in Metabolic Disease. Nutrients 2016; 8(4): 202.

David, L.A.; Maurice, C.F.; Carmody, R.N., et cols. Diet rapidly and reproducibly alters the human gut microbiome. Nature 2014; 505(7484): 559-563.

Le Chatelier, E.; Nielsen, T.; Qin, J., et cols. Richness of human gut microbiome correlates with metabolic markers. Nature 2013; 500(7464): 541-546.

Wu, G.D.; Chen, J.; Hoffmann, C., *et al*. Linking long-term dietary patterns with gut microbial enterotypes. Science 2011; 334(6052): 105-108.

Khan, M.J.; Gerasimidis, K.; Edwards, C.A.; Shaikh, M.G. Role of Gut Microbiota in the Aetiology of Obesity: Proposed Mechanisms and Review of the Literature. J Obes 2016; 2016: 7353642.

Duncan, S.H.; Hold, G.L.; Harmsen, H.J.; Stewart, C.S.; Flint, H.J. (2002). Growth requirements and fermentation products of Fusobacterium prausnitzii, and aproposal to reclassify it as Faecalibacterium prausnitziigen. nov., comb. nov. Int J Syst Evol Microbiol 52: 2141-2146.

Derrien, M.; Van Baarlen, P.; Hooiveld, G., *et al*. Modulation of mucosal immune response, tolerance, and proliferation in mice colonized by the mucin-degrader Akkermansia mucini-phila. Front Microbiol 2011 Aug 1; 2: 166.

Everard, A.; Belzer, C.; Geurts, L., *et al*. Cross-talk between Akkermansia muciniphila and intestinal epithelium controls diet-induced obesity. Proc Natl Acad Sci USA 2013; 110: 9066-9071.

Derrien, M.; Collado, M. C.; Ben-Amor, K.; Salminen, S.; de Vos, W. M. (2007). «The Mucin Degrader Akkermansia muciniphila Is an Abundant Resident of the Human Intestinal Tract». Applied and Environmental Microbio-logy. 74 (5): 1646-1648.

Barcenilla, A.; Pryde, S.E.; Martin, J.C.; Duncan, S.H.; Stewart, C.S.; Henderson, C., *et al*. (2000). Phylogenetic relationships of butyrate-produ-cing bacteria from the human gut. Appl Environ Microbiol 66: 1654-1661.

EJE INTESTINO-CEREBRO

Foster, J.A.; Rinaman, L.; Cryan, J.F. Stress & the gut-brain axis: Regulation by the microbiome. Neurobiol Stress. 2017; 7: 124-136.

Rieder, R.; Wisniewski, P.J.; Alderman, B.L.; Campbell, S.C. Microbes and mental health: A review. Brain Behav Immun. 2017 Nov; 66: 9-17.

Bambury, A.; Sandhu, K.; Cryan, J.F.; Dinan, T.G. Finding the needle in the haystack: systematic identification of psychobiotics. Br. J. Pharmacol. 2018, 175, 4430-4438.

Fung, T.C.; Olson, C.A.; Hsiao, E.Y. Interactions between the microbiota, immune and nervous systems in health and disease. Nat Neurosci. 2017 Feb 16; 20(2): 145-155.

Obata, Y.; Pachnis, V. The Effect of Microbiota and the Immune System on the Development and Organization of the Enteric Nervous System. Gastroenterology. 2016 Nov 1; 151(5): 836-844.

Collins, S.M.; Surette, M.; Bercik, P. The interplay between the intestinal microbiota and the brain. Nat Rev Microbiol. 2012 Nov 24; 10(11): 735-742.

Wang, H.X.; Wang, Y.P. Gut microbiota-brain axis. Vol. 129, Chinese Medical Journal. Chinese Medical Association; 2016. 2373-2380.

Takanaga, H.; Ohtsuki, S.; Hosoya, K.I.; Terasaki, T. GAT2/BGT-1 as a system responsi-ble for the transport of gamma-aminobutyric acid at the mouse blood-brain barrier. J Cereb Blood Flow Metab 2001; 21: 1232-1239.

Alcock, J.R.; Maley, C.C.; Aktipis, C.A. Is eating behavior manipulated by the gastrointestinal microbiota? Evolutionary pressures and potential mechanisms. Bioessays. 2014, 36(10): 940-999.

Yano, J.M.; Yu, K.; Donaldson, G.P.; Shastri, G.G.; Ann, P.; Ma, L., *et al*. Indigenous Bacteria from the Gut Microbiota Regulate Host Serotonin Biosynthesis. CellPress. 2015; 161: 264-276.

RELACIÓN ENTRE LA MICROBIOTA Y LOS ESTRÓGENOS

Kwa, M.; Plottel, C.S.; Blaser, M.J.; Adams, S. The intestinal Microbiome and Estrogen Receptor-Positive Female Breast Cancer. J Natl Cancer Inst 2016; 108(8): djw029.

Baker, J.M.; Al-Nakkash, L.; Herbst-Kralovetz, H.H. Estrogen-gut microbiome axis: Physiological and clinical implications. Maturitas 2017; 103: 45-53.

Sirisinha, S. The potential impact of gut microbiota on your health: Current status and future challenges. Asian Pac J Allergy Immunol 2016; 34(4): 249-264.

Zhang, D.M.; Jiao, R.Q.; Kong, L.D. High Dietary Fructose: Direct o Indirect Dangerous Factors Disturbing Tissue and Organ Functions. Nutrients. 2017 Mar 29; 9 (4). PubMed PMID: 28353649.

Page, K.A.; Chan, O.; Arora, J.; Belfort-Deaguiar, R.; Dzuria, J.; Roehmholdt, B., *et al.* Effects of fructose vs glucose on regional cerebral blood flow in brain regions involved with apetite and reward pathways, JAMA. 2013 Jan 2; 309(1): 63-70. PubMed PMID: 23280226.

Fox, J.G.; Lu, K.; Mahbub, R. «Xenobiotics: Interaction with the Intestinal Microflora», <https://www.ncbi.nlm.nih.gov/pubmed/26323631>.

Haiser, H. J.; Maurice, C. F.; Turnbaugh, P. J. «Xenobiotics shape the physiology and gene expression of the active human gut microbiome», <https://www.ncbi.nlm.nih.gov/pubmed/23332745>.

Snow, R.C.; Barbieri, R.L.; Frisch, R.E. «Estrogen 2-hydroxylase oxidation and menstrual function among elite oarswomen», <https://www.ncbi.nlm.nih.gov/pubmed/2753980>.

Zhu, B.T.; Conney, A.H. «Functional role of estrogen metabolism in target cells: review and perspectives», <http://citeseerx.ist.psu.edu/viewdoc/download?doi=10.1.1.321.995&rep=rep1&type=pdf>.

Zhu, B.T.; Han, G.Z.; Shim, J.Y.; Wen, Y.; Jiang, X.R. «Quantitative structure-activity relationship of various endogenous estrogen metabolites for human estrogen receptor α and ß subtypes: Insights into the structural determinants favoring a differential subtype binding», <https://www.ncbi.nlm.nih.gov/pubmed/16728493>.

The biological evaluation of depression severity: a novel method for the determination of platelet serotonin concentration. Bezrukov MV1, Shilov IE, Shestakova NV, Kliushnik TP. Zh Nevrol Psikhiatr Im S S Korsakova. 2014; 114 (8): 51-57.

The role of estrogen in mood disorders in women. Payne JL. Int Rev Psychiatry. 2003; 15 (3): 280-290.

Menstrual cycle and appetite control: implications for weight regulation. Dye, L.; Blundell, J.E. Human Reproduction vol. 12, n.° 6, 1142–1151, 1997. https://www.researchgate.net/publication/13997586_Menstrual_cycle_and_appetite_control_Implications_for_weight_regulation

Menstrual cycle and voluntary food intake in young Chinese women. Li ET1, Tsang, L.B.; Lui, S.S. 1999 Aug; 33(1): 109-18. https://www.ncbi.nlm.nih.gov/pubmed/10447983?dopt=Abstract&holding=npg

¿QUÉ DICE TU CACA DE TI?

Síntomas del estreñimiento. FEAD. Disponible en: https://www.saludigestivo.es/wp-content/uploads/2016/03/sintomas-del-estrenimiento-20141101134801.pdf

Información para pacientes: estreñimiento. Sociedad Catalana de Digestología. Disponible en: http://www.scdigestologia.org/docs/patologies/es/restrenyiment_es.pdf

LeBlond, R.F.; *et al.*, eds. The abdomen, perineum, anus, and rectosigmoid. In: De-Gowin's Diagnostic Examination. 10th ed. New York, N.Y.: McGraw-Hill Education; 2015. http://www.accessmedicine.com.

Feldman, M., *et al.* Gastrointestinal bleeding. In: Sleisenger & Fordtran's Gastrointestinal and Liver Disease: Pathophysiology, Diagnosis, Management. 10th ed. Philadelphia, Pa.: Saunders Elsevier; 2016. http://www.clinicalkey.com

Villar del Fresno, A.M.; Carretero Accame, M.E. Semillas de Plantago. Rev Farmacia Profesional 2004; 18(2): 64-69.

Escala de Bristol. Disponible en: http://www.agapap.org/druagapap/system/files/BRISTOL_Escala.pdf

Lewis, S.J.; Heaton, K.W. Stool form scale as a useful guide to intestinal transit time. Scand J Gastroenterol 1997; 32(9): 920-924.

García-Mazcorro, J.F., *et al.* Caracterización, influencia y manipulación de la microbiota gastrointestinal en salud y enfermedad. Gastroenterol Hepatol 2015; 38(7): 445-466.

DESEQUILIBRIO DE LA MICROBIOTA INTESTINAL

Hooper, L.V., *et cols.* Interactions between the microbiota and the immune system. Science 2012; 336(6086): 1268-1273.

Opazo, C.M., *et cols.* Intestinal Microbiota Influences Non-intestinal Related Autoimmune Diseases. Front Microbiol 2018; 9: 432.

Microbiota Influences Non-intestinal Related Autoimmune Diseases. Front Microbiol 2018; 9: 432.

Icaza-Chávez, M.E. Gut microbiota in health and disease. Rev Gastroenterol Mex. 2013; 78(4): 240-248.

Del Campo-Moreno, R., *et al.* Microbiota en la salud humana: técnicas de caracterización y transferencia. Enferm Infecc Microbiol Clin. 2018; 36(4): 241-245.

Cani, P.D. Human gut microbiome: hopes, threats and promises. Gut 2018; 67: 1716-1725.

DeGruttola, A.K., *et al.* Current understanding of dysbiosis in disease in human and animal models. In amm Bowel Dis. 2016; 22: 1137-1150.

Hooper, L.V., *et al.* Interactions between the microbiota and the immune system. Science 2012; 336(6086): 1268-1273.

Castillo-Álvarez, F.; Marzo-Sola, M.E. Papel de la microbiota intestinal en el desarrollo de la esclerosis múltiple. Neurología 2017; 32(3): 175-184.

Chimenos-Küstner, E., *et al.* Disbiosis como factor determinante de enfermedad oral y sistémica: importancia del microbioma. Med Clin (Barc). 2017. http://dx.doi.org/10.1016/j.medcli.2017.05.036

Kilian, M.; Chapple, I.L.C.; Hannig, M.; Marsh, P.D.; Meuric, V.; Pedersen, A.M., *et al.* The oral microbiome–An update for oral healthcare professionals. Br Dent J. 2016; 221: 657–666.

PERMEABILIDAD INTESTINAL

Salvo-Romero, E.; *et cols.* Función barrera intestinal y su implicación en enfermedades digestivas. Rev Esp Enferm Dig 2015; 107: 686-696.

Sánchez de Medina, F.; *et cols*. Intestinal inflammation and mucosal barrier function. Inflamm Bowel Dis 2014; 20: 2394-2404.

Vancamelbeke, M., Vermeire, S. The intestinal barrier: a fundamental role in health and disease. Rev Gastroenterol Hepatol 2017; 11(9): 821: 834.

Luissint, A.-C., *et al*. Inflammation and the intestinal barrier: leukocyte-epithelial cell interactions, cell junction remodeling, and mucosal repair. Gastroenterology 2016; 151: 616-632.

Pascual, S.; Martínez, J.; Pérez-Mateo, M. La barrera intestinal: trastornos funcionales en enfermedades digestivas y extradigestivas. Gastroenterol Hepatol 2001; 24: 256-267.

Bischoff, S.C., *et cols*. Intestinal permeability: a new target for disease prevention and therapy. BMC Gastroenterol 2014; 14: 189.

Martini, E., *et cols*. The epithelial barrier and its relationship with mucosal immunity in inflammatory bowel disease. Cell Mol Gastroenterol Hepatol 2017; 4: 33-46.

Camilleri, M., *et cols*. Intestinal barrier function in health and gastrointestinal disease. Neurogastroenterol Motil 2012; 24(6): 503-512.

DIETA BAJA EN FODMAP

The Monash University Low FODMAP Diet. Disponible en: http://www.med.monash.edu/cecs/gastro/fodmap/description.html

World J Gastroenterol. 2015 Jan 14; 21(2): 600-608. doi: 10.3748/wjg.v21.i2.600. Intervention to increase physical activity in irritable bowel syndrome shows long-term positive effects http://www.med.monash.edu/cecs/gastro/fodmap/

Rao, S.S.C.; Yu, S.; Fedewa, A. Systematic review: dietary fibre and FODMAP-restricted diet in the management of constipation and irritable bowel syndrome. Aliment Pharmacol Ther. 2015; 41(12): 1256-1270.

Halmos, E.P.; Power, V.A.; Shepherd, S.J.; Gibson, P.R.; Muir, J.G. A diet low in FODMAPs reduces symptoms of irritable bowel syndrome. J Gastro. 2014 Jan; 146(1): 67-75.e5.

Zugasti Murillo, A.; Estremera Arévalo, F.; Petrina Jáuregui, E. Dieta pobre en FODMAPs (fermentable oligosaccharides, disaccharides, monosaccharides and polyols) en el síndrome de intestino irritable: indicación y forma de elaboración. Rev Endocrinología y Nutrición 2016; 63(3): 132-138.

Harvard Health Publishing. Try a FODMAPs diet to manage irritable bowel syndrome. Disponible en: http://www.health.harvard.edu/diet-and-weight-loss/a-new-diet-to-manage-irritable-bowel-syndrome

Halmos, E.P.; Christophersen, C.T.; Bird, A.R., *et al*. Diets that differ in their FODMAP content alter the colonic luminal microenvironment. Gut. 2015; 64: 93-100.

Mansueto, P.; Seidita, A.; D'Alcamo, A *et al*. Role of FODMAPs in Patients With Irritable Bowel Syndrome A Review. Nutr Clin Pract. 2015.

Böhn, L.; Störsrud, S.; Liljebo, T., *et al*. Diet low in FODMAPs reduces symptoms of irritable bowel syndrome as well as traditional dietary advice: a randomized controlled trial. Gastroenterology. 2015; 149(6): 1399-1407.

Martin, L.; Van Vuuren, C.; Seamark, L., *et al*. Long term effectiveness of short chain fermentable carbohydrate (FODMAP) restriction in patients with irritable bowel syndrome. Gut. 2015; 64(1): A51-A52.

Iacovou, M.; Tan, V.; Muir, J.G.; Gibson, P.R. The Low FODMAP Diet and Its Application in East and Southeast Asia. J Neurogastroenterol Motil. 2015; 21(4): 459-470.

Yoon, S.R.; Lee, J.H.; Lee, J.H., *et al.* Low-FODMAP formula improves diarrhea and nutritional status in hospitalized patients receiving enteral nutrition: a randomized, multicenter, double-blind clinical trial. Nutrition Journal. 2015; 14(1): 1-1.

Gibson, P.R.; Muir, J.G.; Newnham, E.D. Other dietary confounders: FODMAPS *et al.* Dig Dis. 2015; 33(2): 269-276.

TRASTORNOS DIGESTIVOS

Hayes, P.A., *et cols.* Irritable bowel syndrome: the role of food in pathogenesis and management. Gastroenterol Hepatol 2014; 10(3): 164-174.

Lee, B.J.; Bak, Y.T. Irritable bowel syndrome, gut microbiota and probiotis. J Neurogastroenterol Motil 2011; 17(3): 252-266.

Mearin, F. Diagnóstico del síndrome del intestino irritable: criterios clínicos y biomarcadores. Elsevier: 2016; (8): 121-133.

Mearin, F., *et cols.* Guía de práctica clínica del síndrome del intestino irritable con estreñimiento y estreñimiento funcional en adultos: tratamiento (Parte 2 de 2). Rev Atención Primaria 2017; 49(3): 177-194.

Zugasti Murillo, A. Intolerancia alimentaria. Rev Endocrinología y Nutrición 2009; 56(5): 241-250.

Fedewa, A.; Rao, S.S. Dietary fructose intolerance, fructan intolerance and FODMAPs. Curr Gastroenterol Rep, v. 16, n.° 1, 370, Jan 2014. ISSN 1522-8037.

Shepherd, S.J.; Gibson, P.R. Fructose malabsorption and symptoms of irritable bowel syndrome: guidelines for effective dietary management. J Am Diet Assoc, v. 106, n.° 10, 1631-1639, Oct 2006. ISSN 0002-8223 (Print) 0002-8223.

Skoog, S.M.; Bharucha, A.E. Dietary fructose and gastrointestinal symptoms: a review. Am J Gastroenterol, v. 99, n.° 10, 2046-2050, Oct 2004. ISSN 0002-9270 (Print) 0002-9270.

Varney, J., *et al.* FODMAPs: food composition, defining cutoff values and international application. J Gastroenterol Hepatol, v. 32, Suppl 1, 53-61, Mar 2017. ISSN 0815-9319.

Jianqin, S.; Leiming, X.; Lu, X.; Yelland, G.W.; Ni, J.; Clarke, A.J. Effects of milk containing only A2 beta casein versus milk containing both A1 and A2 beta casein proteins on gastrointestinal physiology, symptoms of discomfort, and cognitive behavior of people with self-reported intolerance to traditional cows' milk. Nutr J. 2016 Apr 2; 15: 35.

Bartley, J.; McGlashan, S.R. Does milk increase mucus production? Med Hypotheses. 2010 Apr; 74(4): 732-734.

Trivedi, M.S.; Shah, J.S.; Al-Mughairy, S.; Hodgson, N.W.; Simms, B.; Trooskens, G.A.; Van Criekinge, W.; Deth, R.C. Food-derived opioid peptides inhibit cysteine uptake with redox and epigenetic consequences. J Nutr Biochem. 2014 Oct; 25(10): 1011.

Brooke-Taylor, S.; Dwyer, K.; Woodford, K.; Kost, N. Systematic Review of the Gastrointestinal Effects of A1 Compared with A2 ß-Casein. Adv Nutr 2017; 8(5): 739-748.

Zugasti Murillo, A. Intolerancia alimentaria. Rev Endocrinología y Nutrición 2009; 56(5): 241-250.

Sensibilidad al gluten no celiaca. FACE 2016. Disponible en: https://celiacos.org/sensibilidad-al-gluten-no-celiaca/

Molina-Infante, J.; Santolaria, S.; Montoro, M.; Esteve, M.; Fernández-Bañares, F. Sensibilidad al gluten no celiaca: una revisión crítica de la evidencia actual. Rev Gatroent y Hepatol 2014; 37(6): 362-371.

Biesiekierski, J.R. No effects of gluten in patients with self-reported non-celiac gluten sensitivity after dietary reduction of fermentable, poorly absorbed, short-chain carbohydrates. Gastroenterology 2013; 145(2): 320-328.

Reig-Otero, Y.; Mañes, J.; Manyes i Font, L. Sensibilidad al gluten no celiaca (SGNC): manejo nutricional de la enfermedad. Nutr Clin Diet Hosp 2017; 37(1): 171-182.

Miazga, A.; Osiński, M.; Cichy, W.; Żaba, R. Current views on the etiopathogenesis, clinical manifestation, diagnostics, treatment and correlation with other nosological entities of SIBO. Adv Med Sci 2015; 60(1): 118-124.

Chedid, V., et cols. Herbal therapy is equivalent to rifaximin for the treatment of small intestinal bacterial overgrowth. Glob Adv Health Med 2014; 3(3): 16-24.

Quigley, E.M. Small intestinal bacterial overgrowth: what it is and what it is not. Curr Opin Gastroenterol 2014; 30(2): 141-146.

Gibson, P.R.; Shepherd, S.J. Evidence based dietary management of functional gastrointestinal symptoms: The FODMAP approach. Journal of gastroenterology and hepatology 2012; 25(2): 252-258.

Rahimi, R.; Nikfar, S.; Abdollahi, M. Induction of clinical response and remission of inflammatory bowel disease by use of herbal medicines: a meta-analysis. World J Gastroenterol 2013; 19(34): 5738-5749.

Lauritano, E.C. Small intestinal bacterial overgrowth recurrence after antibiotic therapy. Am J Gastroenterol 2008; 103(8): 2031-2035.

Zhong, C.; Qu, C.; Wang, B.; Liang, S.; Zeng, B. Probiotics for Preventing and Treating Small Intestinal Bacterial Overgrowth: A Meta-Analysis and Systematic Review of Current Evidence. J Clin Gastroenterol 2017; 51(4): 300-311.

EL AYUNO

Bento, C., et cols. Mammalian Autophagy, how does it work? Annual Review of Biochemistry 2016; 85: 685-713.93.

Horne Benjamín, D., et cols. Health ffects of intermittent fasting: hormesis or harm? A systematic review. The American Journal of Clinical Nutrition 2015; 102: 464-470.

Pimentel, M., et cols. Lower Frequency of MMC Is Found in IBS Subjects with Abnormal Lactulose Breath Test, Suggesting Bacterial Overgrowth. Dig Dis Sci 2002; 47: 2639.

Choi, J. The parasitophorous vacuole membrane of Toxoplasma gondii is targeted for disruption by ubiquitin-like conjugation systems of autophagy. Immunity 2014; 40(6): 924-935.

Sciarretta, S.; Boppana, V.S.; Umapathi, M.; Frati, G.; Sadoshima, J. Boosting autophagy in the diabetic heart: a translational perspective. Cardiovasc Diagn Ther 2015; 5(5): 394-402.

Horne, B.D. Randomized cross-over trial of short-term water-only fasting: metabolic and cardiovascular consequences. Nutr Metab Cardiovasc Dis 2013; 23(11): 1050-1057.

Varady, K.A. Intermittent versus daily calorie restriction: which diet regimen is more effective for weight loss? Obes Rev 2011; 12(7): 593-601.

Varady, K.A.; Bhutani, S.; Church, E.C.; Klempel, M.C. Short-term modified alternate-day fasting: a novel dietary strategy for weight loss and cardioprotection in obese adults. Am J Clin Nutr 2009; 90(5): 1138-1143.

Aksungar, F.B.; Topkaya, A.E.; Akyildiz, M. Interleukin-6, C-reactive protein and biochemical parameters during prolonged intermittent fasting. Ann Nutr Metab 2007; 51(1): 88-95.

Teng, N.I., et cols. Efficacy of fasting calorie restriction on quality of life among aging men. Physiol Behav 2011; 104(5): 1059-1064.

Ohkawara, K.; Cornier, M.A.; Kohrt, W.M.; Melanson, E.L. Effects of increased meal frequency on fat oxidation and perceived hunger. Rev Obesity 2013; 21(2): 336-343.

ENGANCHADOS AL AZÚCAR

Endocrin Society 2018. Consuming low-calorie sweeteners may predispose overweight individuals to diabetes. Disponible en: https://www.endocrine.org/news-and-advocacy/news-room/2018/consuming-lowcalorie-sweeteners-may-predispose-overweight-individuals-to-diabetes

Lofvenborg, J.E., et cols. Sweetened beverage intake and risk of latent autoimmune diabetes in adults (LADA) and type 2 diabetes. European J of Endocrinol 2016; 175(6): 605-614.

BMJ 2013. Dietary sugars and body weight: systematic review and meta-analyses of randomised controlled trials and cohort studies. Recuperado de: https://www.bmj.com/content/346/bmj.e7492?fbclid=IwAR1s-BHKeAXRScS-kl4XaVUOcI8WHsBd27BNN2bls-cWFaMTyTkPdnvAs_IzU

Basaranoglu, M.; Basaranoglu, G.; Bugianesi, E. Carbohydrate intake and nonalcoholic fatty liver disease: fructose as a weapon of mass destruction. Hepatobiliary Surg Nutr. 2015 Apr; 4(2): 109–116.

Te Morenga, L.A.; Howatson, A.J.; Jones, R.M.; Mann, J. Dietary sugars and cardiometabolic risk: systematic review and meta-analyses of randomized controlled trials of the effects on blood pressure and lipids. Am J Clin Nutr. 2014 Jul; 100(1): 65-79.

Yang, Q.; Zhang, Z.; Gregg, E.W.; Flanders, W.D.; Merritt, R.; Hu, F.B. Added sugar intake and cardiovascular diseases mortality among US adults. JAMA Intern Med. 2014 Apr; 174(4): 516-524

Vos, M.B., et cols. Added Sugars and Cardiovascular Disease Risk in Children. Circulation. 2017 May 9; 135(19): e1017–e1034.

Hu, F.B.; Malik, V.S. Sugar-sweetened beverages and risk of obesity and type 2 diabetes: epidemiologic evidence. Physiol Behav. 2010 Apr 26; 100(1): 47-54.

Moynihan, P.J.; Kelly, S.A. Effect on caries of restricting sugars intake: systematic review to inform WHO guidelines. J Dent Res. 2014 Jan; 93(1): 8-18.

Gao, Y., et cols. Dietary sugars, not lipids, drive hypothalamic inflammation. Mol Metab. 2017 Aug; 6(8): 897–908.

Avena, N.M.; Rada, P.; Hoebel, B.G. Evidence for sugar addiction: Behavioral and neurochemical effects of intermittent, excessive sugar intake. Neurosci Biobehav Rev. 2008; 32(1): 20–39.

¿QUÉ Y CÓMO HAY QUE COMER?

AECOSAN. Recomendaciones de consumo de pescado por presencia de mercurio (2019) Recuperado de: http://www.aecosan.msssi. gob.es/AECOSAN/docs/documentos/publicaciones/seguridad_alimentaria/RECOMENDACIONES_consumo_pescado_MERCURIO_AESAN_WEB.PDF

Diario oficial de la Unión Europea. Decisión (UE) 2019/639 del Consejo. Recuperado de: https://eur-lex.europa.eu/legal-content/ES/TXT/PDF/?uri=CELEX:32019D0639&from=EN

AECOSAN. ANISAKIASIS (2018). Recuperado de: http://www.aecosan.msssi.gob.es/AECOSAN/web/seguridad_alimentaria/subdetalle/anisakis.htm

Aranceta Bartrina, J., et cols. Guía de la alimentación saludable para atención primaria y colectivos ciudadanos. SENC. Disponible en: https://www.nature.com/articles/nm.3145

Wang, M.X.; Wong, C.H.; Kim, J.E. Impact of whole egg intake on blood pressure, lipids and lipoproteins in middle-aged and older population: A systematic review and meta-analysis of randomized controlled trials. Volume 29, Issue 7, July 2019, Pages 653-664.

The American Journal of Clinical Nutrition, Volume 107, Issue 6, June 2018, Pages 853–854. Goodbye to the egg-white omelet—welcome back to the whole-egg omelet. Disponible en: https://academic.oup.com/ajcn/article/107/6/853/5032667

Richard, C.; Cristall, L.; Fleming, E.; Lewis, E.D.; Ricupero, M.; Jacobs, R.L.; Field, C.J. Impact of Egg Consumption on Cardiovascular Risk Factors in Individuals with Type 2 Diabetes and at Risk for Developing Diabetes: A Systematic Review of Randomized Nutritional Intervention Studies. Can J Diabetes. 2017 Aug; 41(4): 453-463.

Assunção, M.L.; Ferreira, H.S.; dos Santos, A.F.; Cabral, C.R Jr.; Florêncio, T.M. Effects of dietary coconut oil on the biochemical and anthropometric profiles of women presenting abdominal obesity. Lipids. 2009 Jul; 44(7): 593-601.

Xue, C.; Liu, Y.; Wang, J.; Zhang, R.; Zhang, Y.; Zhang, J.; Zhang, Y.; Zheng, Z.; Yu, X.; Jing, H.; Nosaka, N.; Arai, C.; Kasai, M.; Aoyama, T.; Wu, J. Consumption of medium- and long-chain triacylglycerols decreases body fat and blood triglyceride in Chinese hypertriglyceridemic subjects. Eur J Clin Nutr. 2009 Jul; 63(7): 879-886.

Liu, Y.M. Medium-chain triglyceride (MCT) ketogenic therapy. Epilepsia. 2008 Nov; 49 Suppl 8: 33-6.

St-Onge, M.P.; Jones, P.J. Greater rise in fat oxidation with medium-chain triglyceride consumption relative to long-chain triglyceride is associated with lower initial body weight and greater loss of subcutaneous adipose tissue. Int J Obes Relat Metab Disord. 2003 Dec; 27(12): 1565-1571.

Indian Journal of Clinical Biochemistry 2000. Lipid peroxidation in culinary oils subjected to thermal stress. Disponible en: https://link.springer.com/article/10.1007%2FBF02873539

Ruzin, A.; Novick, R.P. Equivalence of lauric acid and glycerol monolaurate as inhibitors of signal transduction in Staphylococcus aureus. J Bacteriol. 2000 May; 182(9): 2668-2671.

Redondo-Cuevas, L.; Castellano, G.; Torrens, F.; Raikos, V. Revealing the relationship between vegetable oil composition and oxidative stability: A multifactorial approach. Volume 66, March 2018, 221-229.

Journal of the American Oil Chemists' Society 2015. The Properties of Lauric Acid and Their Significance in Coconut Oil. Disponible en: https://link.springer.com/article/10.1007/s11746-014-2562-7

Nutrition and metabolism. Randomised trial of coconut oil, olive oil or butter on blood lipids and other cardiovascular risk factors in healthy men and women. Disponible en: https://bmjopen.bmj.com/content/8/3/e020167

American Society for Nutritional Sciences. Physiological Effects of Medium-Chain Triglycerides: PotentialAgents in the Prevention of Obesity. Disponible en: https://watermark.silverchair.com/4w0302000329.pdf?token=A-QECAHi208BE49Ooan9kkhW_Ercy7Dm3ZL_9C-f3qfKAc485ysgAAAl4wggJaBgkqhkiG9w0BBwa-gggJLMIICRwIBADCCAkAGCSqGSIb3DQEHA-TAeBglghkgBZQMEAS4wEQQMyRKmfUFbOeK-3fBeDAgEQgIICEYz-dIIeNnMdh0Q-eKNNoTi-1B94ZxXRKcl59IAA11-RJ4EAth2DLSn_Xx2fEH7Mt-6b5fJWPSzkULxQr3BE-x4jUyIRedB-42Um6jXB-mwzAeTCQqGY0F7I7XZeFMbihCSYIQN1O6L5G-BXNC-Xkr7DlsX-9E-CD8FSWcFg6EULXx9RaOx-Q5oprdG421XtoyCfevicPVlq9JDT_LDvZ-qP-55CHQkpEZS4mulaCIAPgSu2ThTHQQ2Zt-PempV-YumOJ4_1_MQpphRH6-v6RK22Gpj67_Gs9uodwJtgRl-40JmJ1Yn2005h0QFmRrDrMECv-qbHoUVvCb-F-k1w_MyN3dMn_B7eUYiUxcwS-kJ1-zQW6mrwpTDQbvDiuPkY8R6r393G6u-QXr-hFPDTaLFbK4Nbzakc64GT-cyOvvPZE_Eb-QMBT_qPQcGpaf-T_wZ2NW8IscE561EqAhAZ-BhFR2Ix5pX4IDPPPLrQXTXh0bVbru-Ncl9Z2G-gzwYlZgVX8VcSESsAQTzT7OrZqcfIPPF8vxZba-BlujHswzi0s7cnH5rZo1MlacevmrUcT-YhrYE-ca02bjhB-O6SHtVTome0Jmpho3baLxyOuS_7ThLQ83eqc_rH21L8Za0BgItVgSb7S7vs-35qME-TjMaXbBTdHs2T-vMNtvLJvct-DfwK3F6PaLxCgV-jIlopqRs3IF7S8cnYsvs3P8jA

CUIDA TU COCINA

Nelson, D.L.; Cox, M.M. (2014) Lehninger. Principios de Bioquímica. Ediciones Omega.

European Chemicals Agency (2017) Bisfenol A. Recuperado de: https://echa.europa.eu/es/hot-topics/bisphenol-a

European Food Safety Authority (EFSA) (2017) Plan BPA listo para la nueva evaluación EFSA en 2018. Recuperado de: http://www.efsa.europa.eu/en/press/news/bpa-plan-ready-new-efsa-assessment-2018

Herrero Carcedo, C. (2018) Disruptores endocrinos. Independently published.

Índice por temas

ÍNDICE POR TEMAS

Índice de recetas

Índice analítico